群己倫理與生命關懷

溫嫩玫、吳錦鳳、蔡寶隆
劉承宗、郭蘇文　著

五南圖書出版公司 印行

再版序

　　生命需要情感的滋潤，才能柔軟人心，使社會有美善的可能。生命同時也需要理性與思辯，才能冷靜看待事實，不隨人起舞。唯有善意與智慧兼具，才可能具足對於生命溫柔而堅定、勇敢而寬容的倫理關懷；並成就面對現今社會與群己關係，所需要的勇氣與承擔。因此生命教育的素材，特別是對於進入成人初期階段的年輕人而言，除了體驗性質的內容之外，更需要有哲學思維的內涵，以作為厚實生命的資糧。期待本書能為讀者們，提供關於生命完整觀照的媒材，並進一步對於群己關係中的生命實踐，有更加周延且深刻的思考。

　　本書再版的內容，主要是在第六章加入關於倫理學的認識，及生命倫理議題的介紹，希望藉提供師生討論的素材，使本書的內容更臻完整。本書至此計六章共十七節，感謝吳錦鳳、蔡寶隆、劉承宗、郭蘇文等四位老師分享專業見解：吳錦鳳老師為「家庭生活的經營」、「學校生活的經營」、及「生命價值的追尋」等三節作者；蔡寶隆老師為第四章「物我和諧」的作者；郭蘇文老師提供「服務學習的進行」內容；劉承宗老師則為「認識重要的宗教」（上）（下）的作者；其餘章節則由本人負責。

　　衷心感謝成就本書的眾緣和合，亦期待讀者先進們回饋與指教。

溫嫩玫 謹識

民國一零五年七月

主編序

　　本書之編寫，乃期待讀者在專業科目的學習之外，可以向內回到自身、廣博的關照自我生命的樣貌；在面對群己相處的不同場域中，發展個人社會性的關懷與服務熱情；在有形的物質環境生活中，展開尊重與倫理的對應；而在無形的精神課題上，得到身心安頓與實踐生命價值的力量。本書涵蓋了生命教育當中的物、我、人、天四大領域，試圖為統整身、心、靈三者之艱巨任務，提供起點與素材。

　　因此，本書以大學校院中常關心的議題為觸機，在以具體的生命思考與關照，在主題上包括憂鬱自傷防治、網路成癮防治、多元性別與性別平等教育、校園人權與申訴救濟、志願服務與服務學習、生態保育與永續發展、宗教信仰與身心安頓、面對生死與安寧療護等。全書分為六章共十六節，每一節的內容都是對生命關懷的善意，希望拋磚引玉的結果能為讀者帶來生命中更多的力量。

　　這本書之所以能夠完成，要感謝吳錦鳳、蔡寶隆、劉承宗、郭蘇文等四位老師與本人共同在百忙之中貢獻所學與專長。此外，也要感謝嶺東科技大學通識教育中心這些年來的幾位主任以及教授核心通識課程的老師們，他們對本書的發想與形成，提供了最多的協助與最大的支持。

　　本書編寫過程遇到不可抗力事件影響，而倉促付梓在內容上難免有疏漏之處，在此謹向讀者致歉，期待不久後的再版可以更為完整圓滿，並期讀者先進不吝賜教為荷。

溫嫩玫 謹識
民國一零四年夏日

目　錄

第一章
健康自我

第一節

健康的多元觀點

何謂健康？沒有看醫生才健康嗎？那麼近視戴眼鏡算不算是健康呢？健康僅是不生病、沒有使用健保卡嗎？世界衛生組織在1948年提出了多元健康的觀點，認為：健康指的是生理（身體）、心理（精神）與社會（社交）層面的完全安適狀態，而不僅是沒有疾病或不虛弱。這個定義始終沿用至今並未修改。

依據行政院主計總處統計資料，國人平均壽命增長：103年國人零歲平均餘命79.84歲，男性為76.72歲，女性為83.19歲；而103年15至24歲青年主要死亡原因前三名依序分別是：事故傷害（占49.2%）、蓄意自我傷害（自殺）（占13.6%），與惡性腫瘤（占9.8%）。這份資料很有趣的反映出上述世界衛生組織定義健康的三個層面：現今年輕人在生理上以惡性腫瘤為死因之首；自殺與年輕人的心理不安有關，可能缺乏情緒管理或衝動控制的能力；排名第一的事故傷害更可能與身體傷害、心理偏差及社會適應息息相關。

從上述定義而言，健康是：

1. 沒有太嚴重的疾病，能夠有充沛的體力與體能面對多采多姿的每一天。對於處在生活中的細菌病毒，具備足夠的抵抗力與免疫力。

2. 心靈的安適：具備情緒管理的能力，可以因應生活中的大小壓力。精神上開朗樂觀，能夠自我激勵並承擔責任。

3. 與社會相處和諧，適當地與人親密相處，既不怨天尤人也不憤世

嫉俗，擁有良好的社會支持系統，並能適應目前瞬息萬變的環境。

　　健康長壽是許多人重視的，但依世界衛生組織估算，健康與壽命其實有六成取決於個人習慣的生活方式。如何生活就如何享有健康，健康不只是知識上的了解更是身體力行的結果。關於心理與社會層面的健康，將在本章第二節與第三節有更多討論，本節就先由生活型態與習慣談起，分別從生理、心理與社會層面，提供讀者簡要的參考原則，祝福讀者們可以在生活中關心並享受健康。

一、健康的身體

　　合宜的生活型態，不僅有助於身體健康也有預防及改善心理疾病的作用。在生理的部分，良好的生活型態至少包括：

㈠ 規律的運動

　　運動既能使人精神飽滿，維持身體機能在最佳狀態，又因為運動過程中所分泌的腦內嗎啡與多巴胺，有讓人心情愉快的效果，實在好處多多。現在的人生活忙碌，下了班或閒暇時就常賴在電視機或電腦前，產生了越來越多的「沙發馬鈴薯」。曾有研究指出，國人的運動頻率在大學畢業之後跌至谷底，至四十歲時才開始回升，長久缺乏運動的後果，使得肌肉萎縮，心肺功能下降，脂肪堆積，並且容易缺氧疲倦。國民健康署的網站提供許多資訊與建議，學校的健康中心也可提供諮詢服務。但是更為根本的是要提醒自己，避免長時間維持相同姿勢，更近一步建立合於個人狀態的「運動處方」，並且持續而有規律地訓練，畢竟三天打魚兩天晒網是沒有實質作用的。至於如何運動才是適量而不至於運動過度，就需要考慮個別差異，依個人體適能為之，不妨先了解自己的體能狀態，由簡單容易的著

手，循序漸進避免操之過急。

㈡ 規律的作息

「早睡早起身體好」始終是一句良言，提醒我們在十一點前就寢的重要，以及每天六至八小時的睡眠，以便五臟六腑可以得到充分的休息。大腦視丘松果體所分泌的褪黑激素也稱為睡眠荷爾蒙，能夠影響睡眠品質的好壞。由於黑激素是在黑暗中分泌，所以如果能規律作息不熬夜，便能減少晚間的光線刺激而睡得好，即使需要熬夜，也請不要超過三天，否則作息被打亂後，睡眠障礙的困擾常因此產生，得不償失。有不少同學在考前開夜車，猛灌自己提神飲料，希望一天能當兩天用，反而未必能有好的成效。也有些同學在多采多姿的大學生活中，開始夜夜沉迷於網路聊天或玩遊戲，反而本末倒置影響健康與學業。規律的作息並非要求如軍事訓練般依時間表嚴格進行，而是建立自己固定的休息與起床習慣，讓生理時鐘幫我們造就有效學習的生活型態。

㈢ 均衡的飲食

飲食不均衡也是校園年輕人的健康殺手，建議年輕朋友參考「飲食金字塔」的原則，提供身體需要的營養：

1. 六大類食物都須具備。六大類食物包括：五穀根莖類、蛋豆魚肉類、蔬菜類、水果類、奶類及油脂類。既是均衡飲食，則每一類食物都應具備，不要偏食或暴飲暴食，才能獲得足夠的營養。

2. 少油少糖少鹽多膳食纖維也是重要的原則。年輕人經常吃油炸食物，或者長久搭配飲料果汁，加上食物多精緻化，三高（高血壓、高血脂及高血壓）的健康問題已經不再是中老年人的專利了。預防三高，就請多運動均衡飲食吧！

3. 不必花大錢，人人可以吃得營養，因為均衡飲食並非吃得昂貴或大魚大肉，而可以是簡單飲食。什麼是簡單飲食呢？舉例來說：帶個環保杯喝水而減少含糖飲料的購買，環保、心安又便宜。多吃「食物」而非「食品」，便大幅減低塑化劑等毒素威脅。

二、健全的心理

在心理的部分，也有幾項良好的生活型態可以協助我們打造健康心理狀態，包括：

㈠ 擁有個人獨處的時間

每天花一點時間和自己在一起，即使五到十分鐘都好。靜下心來看自己的真實的感覺，傾聽內心的聲音，回想一天當中有哪些想要感謝的人？對於所做的事、所說的話，怎樣讓自己可以少一些遺憾？看到辛苦的自己，要給一些掌聲；遇見心裡的難過，也要記得照顧自己。

有些人在面對孤獨時，常難掩寂寞的要打電話找朋友聊天、看電影，或者呼朋引伴的遊玩去，如果不得已一個人便覺得焦慮。其實，這樣的狀態突顯出個人內在的不安，反而是值得好好探索的主題，建議不要漠視之，不必急著想要逃離孤單與寂寞，因為獨處也是身心安在的練習。下次不妨試試看，一個人生活一下下，你也可以很享受。

㈡ 具備管理情緒的技巧

一個人能否成功受歡迎的因素往往不在於聰明才智（IQ）的高低，而與其情緒管理的能力有關。情緒管理的能力包括：

1. 覺察自己的情緒，在事件發生的當下知道自己怎麼了。例如，不會在自己怒髮衝冠或面紅耳赤時，仍否認自己生氣。

2. 能夠控制情緒。負向情緒只要是人都會有，只是EQ高的人更能運用合宜的管道來處理或表達情緒，於是他們可以不至於引起事後可能後悔不已的的場面，也不至於為自己帶來更多生活、工作，或人際相處上的麻煩。舉例來說，生氣是常見的情緒，處在憤怒中的人常有一股想要發洩能量的衝動，如果與人互毆、罵人，或者摔砸物品，常可能帶來無法收拾的後果。相形之下，大聲唱歌、丟枕頭，打沙包或者搥充氣娃娃則是比較合適的作法。

3. 適時的自我激勵。在低落的時候鼓勵自己，在憤怒時克制衝動，並且能夠延緩享受，而不會「急著吃棉花糖」。

4. 覺察並回應他人情緒的能力，也就是能夠將心比心同理他人的狀態。

5. 在自己的利益與他人發生衝突時，能夠相互協調，既能夠肯定自己也能尊重別人的創造雙贏。

㈢ 具備放鬆紓壓的管道

壓力就像是擠牙膏，如果壓力沒有出口，就像牙膏沒有開口時不斷擠壓後終將爆開。在忙碌的生活中，想要維持健康的心理狀態，放鬆的休閒不可少。聽音樂、靜坐冥想、喝茶看書，都可藉由輕鬆的情境進而放鬆心情。另外，由於身心互相影響，肌肉的放鬆連帶可以使心情也放鬆下來，因此可以藉由運動的方式來舒緩壓力。如果能夠有知心好友的傾聽，也是對壓力舒緩很有幫忙。如果需要，不妨尋求諮商輔導專業人員的協助。

有些人遇到壓力的情境時，會以抽菸、喝酒、吸食K他命等方式來逃避現實。然而這樣的生活方式是無法協助我們解決困境，或者讓我們更有能量面對原有的壓力源。更有甚者，還可能造成酗酒、菸癮、毒癮等使人

得不償失的後果，年輕朋友不可不慎！

㈣ 正向樂觀的思考習慣

　　如果人生有兩面，你會先看到希望？還是先看到憂慮？你會先想到你所擁有的？還是先想到你所欠缺的？曾經有兩位賣鞋子的業務員去到了一個居民沒有穿鞋子的部落，其中一位悲觀的業務員看到，心裡很是沮喪地說：「怎麼辦，他們都不穿鞋，我要怎麼賣鞋啊！」而另一位正向思考的業務員想的卻是：「真好，他們都還沒有鞋子穿，我將有廣大的市場！」心理學講「自我實現的預言」，指的是當我們怎麼想，事情常常就會怎麼發生，這種潛意識的力量，也就是《祕密》一書所指的吸引力法則；「有志者事竟成」講的也是這個意思。因此樂觀的人比起悲觀的人，更可能在婚姻、工作表現、收入與人際關係上有滿意的結果。因此我們可以成為自己想成為的人，與其抱怨度日，不如快樂生活，不是嗎？

三、和諧的社會適應

　　在社會適應的部分，也有幾個良好的生活型態提供給讀者參考，分別是：

㈠ 勝任愉快的工作

　　工作占了生活中的許多時間，對年輕人而言，工作可能指正在進行的學業，這代表進入社會與人競爭的基礎。工作也可能是經濟來源，代表個人能夠自給自足的象徵。不論何種意義，若是工作可以勝任愉快，則是能力上的肯定，並且是自我價值的滿足。

　　大學生已是進入成年期的發展階段，勝任愉快的工作，除了表現多年學習的成就與經濟上的自食其力，更是進入成人階段，獨立自主生活的開

始。剛開始就業時可能較頻繁的轉換工作，但三五年後若還繼續如此，則不妨稍加檢視自我狀態。建議年輕朋友，在學校時不妨找到自己的興趣並紮實的發展專業能力，於是進入社會工作之時，能夠盡快找到喜歡而且適合自己的工作，並且勝任愉快。

(二) 維持與人親近的關係

要能夠在社會層次上健康生活，也需要發展與人親近的生活型態。一者，人既無法離群索居，則擁有個人的社會支持系統自然顯得重要。所謂的社會支持系統便是那些在自己需要時，能夠提供協助的人際支持或社會資源，例如心情不好或遇到困難時，好朋友可以聽我們發發牢騷、提供意見，陪我們度過情緒低潮。

二來，與人親近的關係也意味著能與人靠近。或許我們無法也不需要與每個人都成為莫逆之交，但卻都需要建立親密的人際關係，不論是與婚姻內的配偶或同性、異性友人。這種與人親近的關係並不意味著要當個來者不拒的濫好人，或者沒了自己的馬屁蟲，而是不以利益或防衛出發，能夠與人友善相處，並且互相依賴的狀態。

(三) 感謝、寬恕與分享

前述「勝任愉快的工作」揭示的是個人在社會中的獨立性，「與人親近的關係」則彰顯社會層次中，免不了的人際互動性。在這兩者間，另外還有幾個會產生良善循環的生活型態，也對我們的身心靈健康很有助益，那就是感謝、寬恕與分享的習慣。這三項生活態度都是人際關係上的優點長處，也是提升我們每個人快樂水平的最好方法。

感謝，傳達出心底溫馨的暖流；寬恕，消泯來自他人冒犯的負面作用力；而分享，則有著生生不息的力量。這三者共同的特質，都是能夠讓

正面的能量流動：感謝像加法，讓社會中的正向能量加分，如果能將心中對他人的感謝以言語行動表達，更能造就歡喜。寬恕像是減法，減低負向能量殺傷力，即使他人未必表達歉意，我們卻能自己決定是否要一笑泯恩仇。分享則像乘法，使得正向能量加倍成長，因為分享而得到的來自他人的友善回應往往比我們想像的還多。經由這三種生活型態的展現，我們所處的環境以及環境中的其他人，都可以感受到善意的心念，間接造就了使人想望的美麗世界。

延伸閱讀

1. 衛生福利部國民健康局健康九九網站http://health99.doh.gov.tw/default.aspx

第二節

健康的心理適應

　　本章第一節提到心理狀態是評估一個人是否健康的重要指標。處在現代壓力來源眾多的社會，一個人的心理狀態通常也反映出這個人適應環境的好壞程度。適應不良的結果，往往有注意力無法集中、失眠、焦慮、甚至輕生或殺／傷人的行為。本節將就健康的心理狀態，以及憂鬱與自殺防治稍作討論，並祝福讀者們對於生活中的大小事都能游刃有餘的因應。

壹、健康的心理狀態

一、何謂適應

「你適應得好嗎」？對於大學新鮮人或初入職場的菜鳥，我們常會問他是否適應得好；生活中有許多不被我們喜歡但又必須面對的情境，例如星期一早晨八點鐘的課；有些人搬家到另一個城市，三五年後才比較適應那裡不同的文化，但也有人在短期內便能融入當地的民情風俗。那麼對你來說，適應得好不好代表著什麼意思呢？

有一個關於適應的定義，是指能否對生活中發生的困擾或壓力發展出因應技巧。由於生活是連續動態的經驗，隨著角色轉變與生活經驗的豐富，個人內在的心理狀態往往也需要調整。到新環境求學、轉換工作、結婚、生子……，都需要經歷一段重新適應的轉換過程，來找到方法以因應改變的壓力。也可能針對同一個事件，過去覺得容易，現在卻會感到困難，而需要花心思建立新的流程或方法，例如老花，將書報拿遠或者配眼鏡便屬於適應性的行為。

另有一個說法是由結果來看，適應得好表示能夠具備令人滿意的特質或成就，例如在學校裡學業成績良好，在職場上能如期做好交辦的工作並且受歡迎，或者始終精神飽滿笑口常開。如果沒有達到個人或社會預期的結果，便是適應不良，例如考試不及格、失業、失戀、生活沒目標……。從這個角度而言，被看作適應不良的人常常容易經驗到被標籤或汙名化的困擾，連帶而有個人價值感下降、情緒低落的情形。

二、健康的心理狀態

以上這兩個關於適應的觀點，都與健康的心理狀態有關。健康的心理

狀態除了本章第一節所提到的外，隨著不同的時空與文化背景，心理健康的指標也有更迭與差別，以下就一般性指標擇要提供讀者參考。

㈠ 對生活有幸福感

例如滿足、平和、安心、希望等都是幸福的心理特質。研究指出，金錢、美貌、年齡、聰明才智等，並非是讓人覺得幸福的主要因素，反倒是愛與被愛的經驗、滿意與有挑戰性的工作及樂觀的態度更讓人感到生命幸福有意義。

㈡ 能為選擇負責任

指的是明白自己的需要，坦白面對自己並勇於為所選做決定，而不是始終處於無奈不得已的位置，彷彿被責任義務綑綁似的勉強。所謂「天下沒有白吃的午餐」，既然任何決定都有代價，魚與熊掌本難得兼，就不妨為自己的選擇負責任，過一個不抱怨的人生，不是嗎？

㈢ 珍惜此時此刻

由過去經驗策畫將來固然重要，但如果只念念不忘過去的美好歲月，或者無法原諒過去的錯誤活在悔恨懊惱之中。又或者眼中只有未來，汲汲營營終日忙碌而犧牲眼前的健康或與家人朋友的相處，都將荒廢、可惜了眼前的此時此刻。如果你的生命只剩下一個星期，你會做哪些事？活在當下、珍惜現在，才能過一個不後悔的人生。

㈣ 正向看待自己與他人

你怎麼看自己？覺得自己很糟糕、不喜歡自己？還是認為自己即使常常少根筋，也很喜歡這樣的自己？你又如何看別人？覺得別人都愛找你麻煩？還是認為別人即使挑剔也可以諒解他們挑剔的原因？心理健康的人通常對待自己與別人都比較正向，既能夠相信自己、堅定自己的立場，也能

夠信任這世界的善意，放下攻擊與防衛的態度。

㈤ 累積良好習慣

　　柯永河認為沒有絕對健康或不健康的人，如果一個人的良好習慣多，不良習慣少，便是個心理健康的人。至於良好習慣，則指的是1. 能給自己愉快感受。2. 能維護或增進良好人際關係。3. 能促進自我人格成長的所有習慣。從這個角度來看，能夠關心他人、表達感謝，便是能有效增進心理健康的良好習慣。

貳、憂鬱與自殺防治

　　憂鬱症是二十一世紀的世界文明病，或稱之為「心的感冒」。其實憂鬱症很常見，即使平常是個快樂的人，仍然可能得到憂鬱症。但是因為汙名化的結果以致延誤治療的情形，卻也時有所聞。此外，自殺是嚴重的蓄意自我傷害，不論是真的想死或不小心擦槍走火，自殺還曾入國人十大死因長達好多年。雖然憂鬱症患者未必會自殺，自殺者也未必盡是憂鬱症患者，然二者伴隨出現的比例卻提醒我們需多留意。事實上，自殺與自傷都是想要以傷害自己或結束生命來達到某些目的，這樣的想法或行為正是憂鬱症可能的症狀之一。

一、憂鬱症與憂鬱情緒之別

　　首先，憂鬱症是一種疾病，須由專科醫師診斷評估才能確定，然憂鬱情緒卻是一種普世可能的情緒，舉凡失戀、落榜、久病、親人或寵物過世，都會使人鬱鬱寡歡、情緒低落。

　　其次，需考慮程度因素。憂鬱症的症狀至少包括了情緒低落或明顯對事物失去興趣，另還可能有下列症狀：體重下降或上升、嗜睡或失眠、精

神運動遲滯、容易疲倦或失去活力、無價值感或強烈罪惡感、注意力不集中或猶豫不決、經常想到死亡。如果只是暫時出現這些症狀，未必就是憂鬱症，但如果與周圍類似遭遇的朋友相比較，憂鬱的程度太深，則不妨尋求專業協助。董氏基金會在2005年的調查顯示，大學生每四人就有一人憂鬱情緒嚴重，需要專業協助，因此憂鬱症防治實在不能掉以輕心。

二、臺灣目前的自殺情形

依衛生署統計，自殺雖已不再是國人前十大死因，但是自殺未遂的通報量卻明顯增加，表示自我傷害的情形仍然居高不下。甚至有攜子自殺或不堪照顧而弒親後自殺，以自殺作為終結痛苦的方式。在2014年國人的十大死因中，自殺排名第十一；但在15-24歲的青年中，「蓄意自我傷害」卻是第二位的死因。並且，青少年自殺最主要的原因，是情感以及人際關係的困擾，其次則是「精神健康及物質濫用」。

以自殺死亡者而言，男性較少求助，死意堅決，手段也比女性激烈，像是燒炭、喝農藥，自殺死亡人數的男女性別比約為2:3。至於自殺未遂者，女性則約是男性的兩倍，手段以藥物、割腕及燒炭為常見，其中情感與人際關係是主要原因之一。依自殺防治中心2015年的調查之資料，全體民眾中約有12.9%，在一生中曾經認真的想過要自殺；有情緒困擾的受訪者中，有13.2%曾經自殺，但僅22.2%曾經求助醫療院所。一個自殺案件影響的不只是自殺者本人，還有家屬親友鄰居等，如果再考慮自殺衝擊到的社會大眾，則我們對於自殺問題更不可等閒視之。

三、憂鬱症與自殺之警訊

廣義的自我傷害涵蓋了上述的自殺以及自傷。根據自殺防治中心的資

料，自殺者當中，七成在生前有憂鬱症；曾經有過自殺企圖者中，三分之二的人罹患憂鬱症；而憂鬱症病人一半以上曾經出現自殺的念頭，15%的憂鬱症病人自殺身亡。因此自殺與憂鬱症的高度相關顯而易見。

那麼，自殺可以預防嗎？自殺者要自殺之前，有沒有一些線索可以讓身旁的親友辨認呢？答案是肯定的，因為多數的的自殺者在生前都曾經表達過自殺意念，甚至曾經有清楚的自殺企圖。所以，如果身旁親友出現下列徵兆時，不妨提高警覺多加留意：

1. 情緒方面：覺得絕望、無助、憂鬱，或感覺孤單。

2. 言語方面：在言談或日記、文章中，透露想死或告別的意思。

3. 想法方面：鑽牛角尖，認為「我沒用」、「沒有人可以幫得了我」、「我不好」、「沒有我，大家會更快樂」、「我活得好沒意義」……等負向與絕望的語氣。

4. 行為方面：留下遺書或交代遺言、將心愛的寵物或物品贈送給別人、買安眠藥、木炭、刀子等自殺工具、睡眠與飲食的規律打亂、神情恍惚等。

此外，董氏基金會指出，大學生的憂鬱症與其他年齡族群較為不同之處，在於容易有情緒低落、內心悲傷的表現，出現暴飲暴食、嗜睡等症狀。在人際與課業上，與同學的互動減少，缺課增加，常有負面想法等，也是重要的警訊。

四、如何幫助憂鬱（症）與有自殺意念的親友（或自己）

㈠ 憂鬱症會好，自殺也可以防止，如果自己經歷憂鬱自殺的辛苦，請你要：

1. 說出心中的困難或痛苦，不要獨自承擔。不論是向信任的親朋好

友，或者心理專業人員，甚至是輔導專線上的陌生人，都能提供一臂之力。

2. 勇敢尋求協助。尋求協助並不丟臉，特別是在急性期，規則就醫與服藥尤其重要。服用抗憂鬱症的藥物常需要二至四周才可能看到成果，因此一定要耐心持續的服藥。

3. 提醒自己釋放壓力，並且覺察自己有負面的想法或自殺意念時，中斷這些念頭。可以找專業心理師談談，學習由認知的改變來幫助自己。必要時住院治療，以確保自己的安全。

㈡ 如果有憂鬱症的親友，也別小看了自己的一臂之力。這時我們可以：

1. 關心的陪伴：憂鬱症患者比較少有人際互動，因此不妨主動的關心鼓勵與陪伴，讓他們不孤單也不落單。甚至因為有人陪伴而使他們能夠處在安全的環境，適時轉介專業機構或報警。

2. 耐心的陪伴：當個聽眾是最簡單又最困難的事了，陪伴者也許會因為憂鬱症患者長期的心情低落而失去耐性，以為自己的傾聽陪伴沒有作用。實際上，即使不多說什麼的陪伴，對憂鬱的親友仍是有意義而且重要的。

3. 用心的陪伴：陪伴傾聽時，盡量不要說些「你沒病」、「不要想太多」的話，或是責備他們，例如：「你又在胡思亂想了」，而是不帶價值批判的讓憂鬱的親友多說說話。另外，也可以多具體的讚美他們的優點所在，即使他們不認為自己有價值。

參、心理健康的相關資源

每個人都可能有心情不好需要找人說說，或者面臨某些困擾需要專業

的建議，許多心理衛生機構都能夠提供心理健康有關的協助或資源。使用這些心理衛生資源是正常而普遍的做法，也是照顧自己需要的表現，請不要將求助行為汙名化或標籤化。

㈠ 學校裡的輔導單位

教育部與各級學校極力營造友善校園，並且建置有自我傷害的三級預防模式，以期及早發現而能預防或介入。學校的諮商輔導中心有專業的心理師，提供個別與團體諮商服務，藉由晤談、心理測驗、表達性媒材、牌卡等，協助同學們面對人際、家庭、生涯、情感等困擾。另有各式心理衛生推廣活動，例如影片賞析、演講、主題式團體或工作坊等，都歡迎同學們多加利用。

㈡ 政府部門

各縣市社會局的社區心理衛生中心提供民眾心理諮商、心理健康檢測，並連結各類資源。此外，衛生福利部的安心專線（0800-788995請幫幫 救救我）是第一個全國性由政府提供的免費專線電話，提供民眾在有情緒困擾時的心靈支持。

㈢ 社會福利機構

除了公部門之外，還有些社會福利機構也對心理衛生的推動有極大貢獻，例如「生命線」（簡撥碼1995要救救我）或「張老師」（簡撥碼1980依舊幫您）。「生命線」是24小時的服務，在民國58年由馬偕醫院引進，在自殺防治工作上扮演重要角色。「張老師」則是在民國58年由救國團所創，由青少年輔導工作起家，提供各年齡層民眾各類的諮商輔導服務。

㈣ 精神醫療院所

我們都知道身心互相影響，因此心理上的不適也能藉由藥物而調整。

想一想，如果胃痛的時候，輕微時可以不要理會，嚴重點可以藉由某些食物舒緩，再嚴重時必須就醫診療。心情上的沮喪憂鬱狀態也是如此，有些時候睡個覺起來就煙消雲散，或者可以自行藉著唱歌運動而排遣，困擾較嚴重時不妨找個專業的心理師談談，再嚴重時，醫師的藥物便能幫上忙。例如，憂鬱症就與大腦中的神經傳導物質如多巴胺、血清素等不平衡有關，藉藥物調整大腦的化學物質，便能緩解心理不適。醫院的身心科或精神科，或者精神科／身心科診所，都能以藥物提供心理健康的協助，千萬不要忌諱就醫而延誤治療。

延伸閱讀

1. 董氏基金會心理衛生特區，http://www.jtf.org.tw/psyche/
2. 台灣網路成癮輔導網，http://iad.heart.net.tw/
3. 自殺防治中心網站，http://tspc.tw/tspc/portal/index/
4. 朱英龍等編（2005），《解憂：憂鬱症百問二》，臺北市：董氏基金會出版。

第三節

和諧的社會關係

　　本章第一節提到三個增進社會適應的良好生活型態，分別是：勝任愉快的工作、維持與人親近的關係，以及感謝、寬恕與分享。其中，「與人維持親近的關係」一項，尤其是許多人心中的困擾，特別是網路普及後宅男宅女大增，與人真實互動的機會減少，封閉與虛擬的人際關係往往與層出不窮的社會傷害事件有關。以下將由中西文化中的寶貴智慧，簡要說明

人際間圓融相處的原則，並就現今常見的網路成癮問題稍加討論，期待讀者可以圓滿自己的社會關係。

壹、人我圓融的寶貴原則

　　孔子重「仁」，仁者二人也，考慮到個我之外另有他人，及如何與群體保持合適關係，因此這一「仁」字貫穿了整部論語而為孔子思想中心。所謂仁者，「愛人」也，「克己復禮」是也（顏淵篇）。因此孔子重視禮，生活中的言行舉止，乃至傳道授業均「約之以禮」（雍也篇、子罕篇）、「立於禮」（泰伯篇），因此說「非禮勿視，非禮勿聽，非禮勿言，非禮勿動」（顏淵篇），如果缺少禮節的約束，則將「恭而無禮則勞，慎而無禮則葸，勇而無禮則亂，直而無禮則絞」（泰伯篇）。因此孔子才多次的說，「不學（知）禮，無以立」（季氏篇、堯曰篇）。雖然單講「禮」在表面上像是種外在規約或束縛，但是透過劍及履及的親力而為，要內化為處世待人的合宜節制，發乎情止乎禮就是再自然不過的了。因為「仁」，使得繁縟僵硬的禮節有了生命力，連帶的，群體生活的律動也才有了節奏。

　　至於實際上行仁的人，孔子稱之為君子，與群眾相處過程中具體行仁的方法，孔子則是談到孝悌忠信等德目，例如，「居處恭，執事敬，與人忠」（子路篇），「言忠信，行篤敬」（衛靈公篇）。他也特別強調恭寬信敏惠等五者：「恭則不侮，寬則得眾，信則人任焉，敏則有功，惠則足以使人」（陽貨篇）。以上這些具體項目都是發於情止乎禮的顯現，出自內心的行為。與群眾相處之道總不離「入則孝，出則弟，謹而信，泛愛眾，而親仁」（學而篇），如此才能從小到老做個有用的人。孔子對於這些德目訓練的重視，甚至是優先於書本知識的學習，於是接著才說「行

有餘力，則以學文」（學而篇），這幾項原則甚至被引用為古時教導孩童的「弟子規」總緒呢！至於群眾或有貴賤上下之分，互相對待的禮節則因此而有致用之別，例如：「君使臣以禮，臣事君以忠」（八佾篇），以恭敬為基礎，「其行己也恭，其事上也敬，其養民也惠，其使民也義」（公冶長篇）。換句話說，是什麼身分就該扮演什麼角色，也就是「君君，臣臣，父父，子子」（顏淵篇）之意。此外，儒家既然重視經世致用，與百姓們的關係自然十分密切，孔子就曾在子路的君子之問時回答：「修己以敬」、「修己以安人」、「修己以安百姓」（憲問篇）等三個修行次第。這樣的修為最終要成就的是「己立立人，己達達人」（雍也篇）的人我關係，使「老者安之，朋友信之，少者懷之」（公冶長篇），不同的群體各得其所安。

《聖經‧帖撒羅尼迦前書》提到人際間的互動準則則是：「或是彼此相待，或是待眾人，常要追求良善」。西方多以「愛」作為人我關係維繫的基礎，佛洛姆（Eric Fromm）在他的《愛的藝術》一書中，談到「愛」的四項特徵：奉獻、責任、尊敬與了解。《聖經》裡，〈帖撒羅尼迦前書〉提到人際間的互動準則則是：「或是彼此相待，或是待眾人，常要追求良善」。《聖經》另有許多對「愛」的形容，〈哥林多前書〉：「愛是恆久忍耐又有恩慈，愛是不忌妒，愛是不自誇、不張狂，不做害羞的事。不求自己的益處，不輕易發怒，不計算人的惡，不喜歡不義，只喜歡真理。凡事包容，凡事相信，凡事盼望，凡事忍耐，愛是永不止息」，更是大家耳熟能詳，甚至被譜為歌曲，廣為唱頌。

Gottman與Declaire（2006）指出，若無法對他人（含親子、夫妻、朋友、手足、職場）建立情緒連結，將終導致關係斷裂。而與他人的情緒連結，顯示出彼此間有情緒訊息（emotional information）的交流，可以幫

助對方感受到彼此連結的意圖。所以，若期待造就持續的群己關係，就在於：1. 能夠邀請他人產生情緒連結。2. 正向回應他人連結的邀請。3. 願意從別人的角度看問題。4. 投入與他人關係的經營。對Gottman與Declaire而言，邀請（bid）是情緒溝通的基本要素，可以是一個眼神、動作、碰觸，包含任何「我想與你產生連結」的言語行為，雖然平凡無奇，卻對增進群己關係的良善，有著大大的神奇力量。如何回應他人邀請也是重要關鍵，其實，對他人的接納開放經常需要以自我的肯定悅納為前提，如果我們許多時候都處在面臨生存的貧乏狀態，通常也較難能定心觀照他人。唯有個人的自我狀態不再扭曲變形，才可以與他人健康互動、和諧相處，真心對待而不必遮掩自己，誠懇尊重而不必害怕他人。力行尊重的過程其實是「我好，你好」的積極展現。除正向接納外，抗拒或相應不理的回應方式，對關係的維持極具殺傷力，反而助長彼此的敵意與戒心，或使得關係中的一方灰心受傷，長久以往關係也就難再維持。

　　人際關係往往是互相對待的結果。如果「我」在「他人」處能得到肯定與認同，或者「他人」於「我」處得到尊重接納，群己關係的品質必有正面加分效果。自從Carl Rogers（1902-1987）提出Empathy 的概念後，同理心一詞或同理心訓練廣泛使用於人際關係。西方談的同理心，其實與中國所謂的「設身處地」有異曲同工之妙，指的是將心比心的感同身受，所以並非全然是外來的產物。正因為能夠設身處地，故能己所不欲勿施於人，這種設身處地的能力，意味著具備在人－我間轉換的可能性：我除了有個人的好惡、想法，也願意從別人的角度，試著去理解他所經驗到的世界現象。真誠一致、無條件接納、開放尊重等是表達同理須具備的基礎態度，它們雖然時常被強調，卻較難真正被實踐，而多以「儀式化」方式被口頭或表面執行。尊重他人其實並不是「我不好，你好」的低下，或「我

好，你不好」的施捨，由於「一種米養百種人」，群體中的個人來自太多不同的文化背景甚至次文化，往往阻礙著我們與人真正尊重的互相對待，特別是牽涉到權力結構的狀況，例如，種族歧視、異性戀霸權……。若與人接觸的同時，沒有帶著覺知，則往往凌人而不自知。記得電影《費城》中的一幕：得了愛滋病的主角尋訪律師時與對方禮貌握手，對方在得知他身染愛滋後，竟對於方才握過的那隻手，充滿著驚愕害怕與猶豫，甚至想做個檢查以確保自己仍是健康的、沒有被感染！畢竟要做到真誠尊重是那麼的困難，以至於有太多的因素會妨礙到我們與群眾的相處品質。對他人的接納開放經常需要以自我的肯定悅納為前提，當個己仍處在面臨生存的貧乏狀態時，也較難能同時定心觀照他人。唯有個人的自我狀態不再扭曲變形，才可以與他人健康相處，真心相待而不必遮掩自己，誠懇尊重而不必害怕他人。力行尊重的過程其實是「我好，你好」的積極展現，更重要的，實踐尊重需要的謙卑將切實要求我們在與群眾相處時，必需彎腰放下自己的執見，並且恭敬待人。

　　尊重，不只是個概念，更需要實踐。尊重自己，於是可以誠懇負責，言行一致；尊重他人，於是願意彎身恭敬，信任寬容；尊重自然，於是能夠順物不傷，謙卑感恩。實踐尊重，是不停止的態度與學習。

貳、網路成癮防治

　　網路是現代許多年輕人的生活重心，捷運上、餐廳裡、甚至馬路上或課堂上，常可見到滑手機的低頭族。由於網路的匿名特性及絕佳的互動優勢，伴隨著上網的科技進步，許多人常常在不知不覺間，成為網路成癮者。網路成癮的問題，除了可能造成生理上的疲倦、腕隧道症候群、眼乾眼澀、肩背痠痛、失眠等不適外，還可能衍生人際衝突或網路情愛困擾

等。因為忽略現實狀態，而造成家庭、學業、工作上的影響，甚至還有不少因為沉迷於電玩或色情、暴力網站，而開始分不清現實與虛幻的案例。你是網路成癮者嗎？

一、何謂網路成癮

通常說起來，所謂的網路成癮，至少大致包含三個特性：

1. 耐受性：隨著上網時間越來越長，需要更多時間上網才能獲得和過去相同的滿足。
2. 戒斷性：如果停止或減少使用網路，就會引起生理或心理不適，例如坐立不安、暴躁易怒等狀態。
3. 強迫性：看到電腦就不由自主、難以自拔的產生想要上網的衝動或渴望。

此外，Kimberly Young（1998）提供八題簡單題目來協助我們觀察自己的網路成癮情形，讀者可以自行檢視：

1. 我會專注於網路上所進行的活動，即使離線後仍持續想著上網時的情形。
2. 我覺得我需要花更多的時間使用網路才能感到滿足。
3. 我曾努力想過要停止使用網路，但並沒有成功。
4. 當我企圖要減少或停止使用網路時，會覺得沮喪、心情低落或暴躁。
5. 為了上網，即使因此造成重要人際、工作、教育或工作機會的損失，我仍然願意。
6. 我花費在網路上的時間比原先預期的還要長。
7. 我會向家人、朋友或他人說謊以隱瞞我涉入網路的程度。

8. 我上網是為了逃避問題，如無助、罪惡感、焦慮或沮喪等。

以上八題當中，如果有五個題目的回答都是「是」，就可能有網路成癮的情形，建議讀者可以考慮尋求專業協助。

二、網路成癮的原因分析

㈠ 有些常被別人拒絕／否定的人，或是對生活感到不滿足者，會有比較高的網路成癮現象。

㈡ 網路成癮的情形常見於沉迷線上遊戲或聊天室，其中的匿名性與互動性使參與者可以藉由不同的性別、稱呼、身分，重新與人建立關係，減少了面對面的表情、長相、聲音等尷尬場面，使得有些在真實世界裡人際關係受挫的年輕人，轉向於虛擬世界尋求滿足與慰藉。

㈢ 此外，單親家庭、獨生子女、獨自租屋在外的學生，也可能因為無聊或較孤單而花許多時間在網路上。

㈣ 另外，如果一個人有藥癮或酒癮等其他成癮情形，也會是網路成癮的高危險群。

三、網路成癮的處理與因應

想要改善網路成癮的情形，有賴於個人覺察、自制與承擔的能力態度。以下提供幾個方法作參考。

㈠ 擴展人際關係

協助並教導網路成癮當事人在人際關係的建立與維繫上所需要的溝通技巧或處理衝突的方法，如果能夠有多元的人際關係，並知道如何維繫長久而有深度的人際互動，則對於網路的依賴自會減低。

二 對時間性的敏覺

對時間流逝不自覺，常是沉迷網路世界時的經驗。在網路的使用過程中，能夠體認到自己已經超時工作，是首要的覺察內容，也才可能有後續的因應法門。因此，可以為自己設立提醒機制：例如設鬧鐘或計時器，來提醒自己離開網路。

三 時間管理

具備時間管理的知識能力也很有幫助。想一想自己的生活或學習目標，先明瞭自己所想要的、覺得重要的是什麼，作為時間管理的方針，將目前最重要的事情列出優先順序，並且寫下來放在書桌前或其他醒目的地方，都是不錯的方法。

四 逆向操作

有一些行動技巧能改善網路成癮的狀態，逆向操作法就是一種。逆向操作法是在第一時間將最重要的工作先行完成，而後再進行次要工作，最後才能夠上網。例如，原本回家時先開電腦、上網，等到盡興了才去洗澡，最後要寫功課時已經夜闌人靜，並且處於筋疲力竭的狀態，自然功課就應付了事。此時則不妨將工作順序改變為：先寫功課，其次再洗澡，最後才上網。

五 發展適當的休閒娛樂

讓自己在網路之外還有其他的休閒方式也是重要的，如果坐在電腦前一個小時，要記得提醒自己起身休息半小時或到戶外走走，伸展筋骨，或是轉換其他方式的活動，都有調劑身心的功能。

六 面對問題，主動求助

如果發現網路成癮是肇因於某些內在心理上的因素，則不妨負責任

的面對現實，而非逃避在虛擬世界中，放任問題繼續存在或惡化。如果需要，則不妨主動求助外在資源，請身邊的父母或親朋好友協助適度的約束與規範。透過電腦擺放的位置，或是電信業者提供的限制使用機制，即使是因應網路成癮的下策，也仍有約束的功能。

延伸閱讀

1. 沈清松，《人我交融》，洪建全基金會出版。
2. J. M. Gottman，J. Declaire著，徐憑譯，《關係療癒：建立良好家庭、友誼、情感五步驟》，張老師文化事業股份有限公司出版，民95。
3. 彼得‧雷諾茲，黃筱茵譯，《點》，和英出版社，2003（繪本）
4. 臺灣網路成癮輔導網，http://iad.heart.net.tw/

第二章

群己對待

第一節

群己與性別關係

1

　　由自我發展的過程來說，能夠意識到在「我」之外還有他人的存在，就已經是邁向成熟的起點，也才能在與他人互動過程中，造就開展「社會我」的豐富面貌。我們既然生活在關係當中，也就與他人脫不了關係。

壹、群己關係如何被看待

一、哲學觀點

　　首先，由法國哲學家笛卡兒（Rene Descartes, 1596-1650）的主張說起。笛卡兒不信任感官經驗，主張對每件事進行懷疑，然而即使是「懷疑」這件事，也必定存在著思考懷疑的主體「我」，因此建立了有名的「我思故我在」公式。自我的本質是思想，群體世界的鋪陳出現就在思考活動當中啟動。雖然「我」的主體性可以因為思考之事實而得到，但是「我」之外的這個世界或者其他人，卻只能由他處（對笛卡而而言為上帝）得到保證。

　　從這個角度看待群體係甚至可能是陌生而且荒謬，彼此間互不信任。當我們走在街頭與不相識的人群擦肩而過，他們與「我」如果沒有任何連結時，我們之間的對待又與機器人何異呢？換句話說，「我」該以什麼態度與他人相處，才不至於忘卻了人性？

　　在中外作品裡，也可以看到許多類似這種群己疏離的表達，描述對於個人身心狀態無法與群體連結時的失落飄蕩，既是寂寞也是苦悶。現今也有不少人曾在午夜杯觥交錯當中，猛然回顧而有「眾人皆醉我獨醒」的

感慨。法國哲學家沙特（J. P. Sartre）甚至對別人的眼光感到恐怖，因為在發現自己存在的同時發現有他人，那使得「我」由主體的位置淪為「被看」的客體。

二、宗教觀點

宗教家看群己，有著截然不同的面向與主張。以下，就由佛教中的大乘佛教與基督宗教稍作說明。

1. 大乘佛教：以大乘佛教而言，「他人」可以是彼岸的無數諸佛菩薩，或在成佛路上精進學習的善知識們，對於這類他人，個人應常修禮敬廣供養。「他人」也可能是因業果報而輪迴於六道之中、迷惘而尚未覺悟的凡夫界眾生，對於這類的他人，則應發菩提心，協助他們離苦得樂。既然「他人」分屬這二類，那麼「上求佛道」與「下化眾生」，就成為修行者主要的職志。普賢菩薩發了十個大願，其中第九個願為「恆順眾生」，當中對於眾生與諸佛菩薩的關係有個比喻：眾生有如大樹的樹根，諸佛菩薩則如這棵樹所開的花、結的果，因此，若是以大悲為水來饒益眾生，使根得到水，枝葉花果也就都能繁多茂盛，成就諸佛菩薩的智慧華果。所以說，眾生與菩薩的關係不即不離：眾生依賴菩薩以離苦得樂，菩薩也在渡化眾生的過程之中得証其果地。這樣的群己關係提醒我們，如果想要完成個人的菩提道業，就需要與他人廣結善緣。

2. 基督宗教：基督宗教裡也有視人如己的主張，《瑪竇福音》裡，耶穌說：「你們為我兄弟中最小的一個所做的，你們就是為我做。」《馬爾古福音》提到，在一切誡命當中，以「全心、全

靈、全意、全力愛上主」為最首要，其次，就屬「愛近人如自己」了。然而，近人是誰呢？《路加福音》裡，法學士問了耶穌這個問題，耶穌則說了一個淺顯而深遠的故事：有一個人從耶路撒冷來要到耶里哥去，路上遇到了強盜，強盜剝去他的衣服，又把他打傷再半死半活的丟下。經過的司祭及隨後而來的肋末人都僅看了看，就從旁邊走過去，但有一個撒瑪黎雅人路過，一看見就動了憐憫心，於是上前為他照料傷口，又扶他騎上自己的牲口，帶他到客店裡，小心照料他。第二天，取出銀兩交給店主，請店主小心看護他，不論額外花費多少，都會在回來時補還店主。在這個故事裡，近人指的不是兄弟或族人，而是那些需要幫助的人，他們就在你我身旁。

三、心理觀點

心理學的「溝通分析」（Transactional Analysis）學派對於「心理地位」的看法也很值得參考，簡單說來，心理地位可分為四種：

1. 我不好，你好（I'm not OK, You're OK）

   這是在個人生命發展過程中最先會出現的心理地位。大多數的人也持這樣的心理地位：需要來自他人愛撫讚許，認為自己是不好、沒有價值的，常常幻想著「假如我……就好了」，或者不自覺的故意激怒他人來證明「我不好」。人們也可能將他人看得比自己更有價值，一味效法或服從別人，任人擺布。

2. 我好，你不好（I'm OK, You're not OK）

   這種態度會視自己生活中的悲慘經驗為他人的過錯。他們拒絕別人的好，常以自大高傲的心態與人相處，認為世上沒有「好

人」，與人相處時多所攻擊與批判，久而久之，留在身邊的朋友
若非詔媚恭維者則是唯諾之徒。有些自小受虐待長大的人就可能
有這樣的態度。

3. 我不好，你不好（I'm not OK, You're not OK）

這種群己關係簡單說就是「天下烏鴉一般黑」，既看不起自己，
也無法欣賞別人，覺得「雖然我不好，但你也沒好到哪裡去」，
即使他人真心的關懷也會加以拒絕。社會版常出現的許多殺人而
後自殺的新聞，也可能是這種心態下極端的例子。

4. 我好，你好（I'm OK, You're OK）

前三種態度會在生命初期形成，這種態度則是在證明自己的價值
後，有意識的自我決定。能夠持這樣心理地位的人，對自我持肯
定的態度，對他人亦然，是種「肯定自己、尊重他人」的群己關
係，既能欣賞優點，也能包容接納缺點。

以上四種心理地位，每個人可能兼而有之，只不過與不同的人相處，
常就會習慣的以不同的心理地位對待。我們可藉此反觀自己，是不是經常
處在某個心理地位而不自知？

貳、不同品質的群己關係

群己「關係」的品質表現在人我互動的層次、深度與方法模式當中，
我們也在經驗關係的同時，被關係所形塑。以下就心理距離、群己關係的
深廣，以及一般他人、重要他人與典範他人等概念，稍做說明。

一、心理距離

每個人對關係的投入、信任或願意冒險的程度不同，便與關係中的另

一方（群體）存在著由退縮儀式、活動、消遣至親密，遠近不等的心理距離。一個人可能退縮（withdraw）在自己的世界裡，如同課堂中做著白日夢的學生，完全無視於他人存在。或者以儀式（rituals）來呈現關係，例如畢業典禮、生日舞會，與大家做同一件事，但僅是形式上的存在。也可能忙於處理外在事務，例如工作中客戶的抱怨、到銀行繳學費，以致於無法或者不必與他人做親密互動。消遣（pastimes）則是較不具威脅性的社交方式，可能是選擇朋友的基礎，我們也因此與人交朋友，拉近彼此的心理距離。以上退縮、儀式、活動（activities）、消遣，均可能與心理遊戲（game）有著相同結果，造成人與人的分離而非親密（intimacy）。

二、一般他人

所謂的「一般他人」（generalized others）並非特定的個人或團體，而是我們用來想像一般人們會怎麼看待某個社會情境，以及在那個情境裡的不同身分的人的一種觀念。例如在初見某人時，我們會以他的穿著樣式、工作頭銜、家中擺設等來想像、假設這個人的身分，同時又依賴著我們對這個身分的想像與了解來與之應對進退。也可以說，角色身分常常成為群己互動的媒介，藉著角色的呈現來與觀眾相處，並期待著雙方完美的演出。關係中的一方會因為陌生而努力經營所謂「自我的表演」（the presentation of self），以穿著打扮、得體的行為塑造第一印象，甚至像運用道具般的戴著面具與人相處，說些不是自己真心想說的話。關係中的另一方也藉由對該角色責任的期待來與其交流，例如依於社會規範或主流價值，給予扮演著某個角色的個人掌聲或鄙視。由於我們會理解自己在某個情境下的身分行為，將會如何被別人解釋或評價。於是當我們與他人相遇時，為了不使自己在人際互動過程中遭受太多阻力，也會選擇性的表露與

自己有關的訊息，例如同性戀者、受刑人家屬……。

三、重要他人與典範他人

我們在關係中與人互動，同時也依著互動的結果接收關於自我的訊息，「重要他人」（significant others）就常是這些定義自我資訊的提供者。換句話說，重要他人就像一面鏡子，我們從他們的回饋中看到了自己，於是幫助我們建立更多關於「我是誰」的意義，影響了我們的生涯建構。「重要他人」不必是群體中舉足輕重的重要人物，而是對「我」而言重要的特定他人，是在生活當中可以以「你」相稱而非以「他」指稱的他人。可能是父母、師長，也可能是鄰居、朋友，我們與他們有著深刻的關係，是「你－我」關係而不再是「他－我」關係，兩方的主體性得到相互的肯定與交流。在「你－我」關係中，雙方皆不再僅是被觀察的客體，兩者的存在性於是鮮活的展現出來。

另外，也有一些人在互動的關係中逐漸成為我們的「典範他人」，他們為我們的生涯建構做了活生生的示範。與這些典範他人相處的經驗，造就我們未來生涯發展或實踐生命品質的可能性。當然，典範他人有可能是書冊中的古聖先哲，或是無緣相見的權威偶像，只不過這類的典範他人缺少「你－我」關係的建立，缺少了群我實際互動經驗，就暫且不論。

四、人際界線

群己關係中還有一個影響關係品質的元素，也就是界限。界線是清楚我們自己要做什麼、能做什麼、想做什麼，並且委婉而堅定的表達在關係中，即使因為看到自己極限而拒絕別人，也不必覺得不好意思。有時候和人沒有界線，於是對方的事彷彿成了自己的事，不自覺地接受對方的依

賴，也享受被需要的感覺，甚至容忍了多數人覺得難以容忍的事情，卻還不可救藥的仍以為自己是個拯救者。

　　如果沒有為自己立一條清楚的人際界線，可能在關係中不斷付出，取悅他人，彷彿若不如此，便害怕自己可能被拋棄；也可能在關係中控制別人，干涉別人的自由，強將自己的信念加在對方身上。設立自己的人際界線，同時尊重對方的界線，不但不會破壞關係，反而因為各自承擔起自己的責任，於是給予關係中的雙方，更為輕鬆而且自在沒有負擔的位置。

參、平等的性別關係

　　性別是最具特色與指標性的社會關係，反映出社會文化的期待。傳統的父權社會受宗法制度的影響，經濟活動受限於「男主外女主內」的性別分工，前者從事的生產活動如買賣，是有報酬而可累積財富，後者從事的生產活動如家務則無酬，因此期待生下男性子嗣以繼承財富。連帶的婦女在家庭中地位遠不如男性，甚至不時有受虐情事。百餘年來婦女運動前仆後繼，婦女團體努力不懈，終使性別平等之觀念開始受到重視，與性別相關的議題也越來越被留意。即使如此，男女平權的議題仍然不斷被挑戰。

一、性別關係中的不平等

　　自從聯合國訂1975年為「國際婦女年」，正式的討論婦女議題之後，發現到全世界的大部分婦女生活仍舊是處在邊緣狀態，因而開始加強提升婦女權益地位之工作。甚至於1979年聯合國大會通過「消除對婦女一切形式歧視公約（CEDAW）」揭示對於性別人權的保障及促進性別平等。我國一向主動遵守各項國際規範，也於96年立法院決議通過，總統頒布簽署CEDAW公約加入書。並且「消除對婦女一切形式歧視公約施行

法」已於民國101年施行，使CEDAW公約之規定，更進一步具國內法律的效力。

　　婦女遭施暴的現象在全球仍相當普遍，例如許多婦女遭受親密伴侶的虐待；女性遭謀殺通常涉及性暴力；超過一億三千萬名女童仍遭到切除陰蒂，這項習俗在非洲與某些中東國家相當盛行。而在南亞、東南亞、北非與中東等地方，殺害女嬰、胎兒性別篩選，以及系統性漠視女童等現象仍相當普遍。除此之外，婦女遭遇性騷擾的情形也時有所聞。

　　除暴力外，還可以藉由更微細的性別刻板印象來檢視生活中的性別關係。例如，依行政院主計處資料，在2013年僅有27.8%的經濟戶長比率為女性，可見社會上對於養家活口的責任還是以男性為主，並且「男主外女主內」的性別分工依然存在。其實將女性限制於料理家務照顧孩子的同時，也變相的剝奪了男性參與家庭享受親子之樂的權利。這樣的社會文化造就的性別不平等的狀態，既漠視了每個性別都會有的人性需求，也像是把雙面刃，兩者俱傷！

　　事實上，要促進自由平等的人際、性別關係，最終將需要在社會結構與權力分配上皆做制度上的變革。可喜的是，近十年來形式上已經有許多與性／別相關的法條立法通過，甚至再三修訂，特別是針對婦女權益與人身安全有關的訴求，例如《性侵害犯罪防治法》，《性別平等教育法》，規範校園裡與性別相關的教育、活動與行為，以建立性別平等之教育資源與環境；《性別工作平等法》，針對職場性別歧視之禁止、性騷擾防治，及促進工作平等，提供了明確的規範。

二、性騷擾防治

　　一般性規範的《性騷擾防治法》在98年1月23日修訂，並明文規定了

意圖性騷擾，乘人不及抗拒而為親吻、擁抱之行為者，將可能受到刑事處罰。在概念上，由於每個人對於人際情境的認知解讀、主觀感受不同，於是對一項語言行為是否構成性騷擾的認定也不會相同。基於對個人主體性的尊重，性騷擾的認定並非以行為人的認知，而是以接受者的主觀感受來決定的。所以，即使是小小的玩笑或舉動，只要是不受歡迎、令人感受到敵意或冒犯，都可能會構成性騷擾，也因此，熟識者的性騷擾也很常見。

　　校園性騷擾行為除與性別相關，亦與階級上的權力差距有關。實際上，性侵害或性騷擾行為的發生，表面上是與性有關，但是權力本質往往才是性別暴力的關鍵。此外，關於性騷擾，常有些似是而非的迷思，例如：會被性騷擾是因為行為不檢、衣著暴露的原因。事實上，不論這個人穿著多麼暴露，或者多晚在外活動，都不構成人身安全被侵犯的理由。況且，一個期待中良善正義的社會，尤其不應是責怪被害人，使之承受二度傷害，而該正視加害者犯行，改善環境中不安全的因子，協助弱勢群體拿回外貌裝扮與夜間行動的自由！

　　另外，男性也可能被性騷擾，特別是在性別刻板印象造成的性別歧視下，與傳統性別特質不同的男性。只是傳統的刻板印象強調男性威武陽剛的一面，期待男性自我保護甚至對他人扮演保護者角色，尤其不鼓勵男性在遭到騷擾後向外求助，於是男性受害者因而常被忽視。

　　或許性騷擾還不至於是現實生活中會有的遭遇，但卻是許多人心中時常有的真實恐懼。面對性騷擾，不論生理性別是男性或者女性，都應該建立身體界線的概念。一方面要清楚而堅定的表達自己的慾求，不論是接受或拒絕，讓對方知道自己的尺度或身體界線，以避免曖昧溝通引起的困擾。另一方面也應身體力行的尊重對方身體自主權，當對方說「不」時，不可自行想像推測而視之為矜持或害羞。萬一自己遇到性騷擾，請儘早尋

求協助與支持，讓自己不孤單，學校裡的性別平等教育委員會將受理性騷擾與性侵害的申訴。若是知道他人遭到性騷擾時，則請不要小看自己的影響力，並且相信他／她、關心他／她、支持他／她，因為錯不在他／她！如果有人表示被自己性騷擾，也請了解當時的過程並尊重對方感受，慎重思考若是自己的母親姊妹在場，是否仍會發生類似言行。

三、多元性別的社會

性騷擾的防治僅是追求性別平等過程的起步，並非性別平等的主要工作內涵。教育部在彭婉如女士遇害後，正視性別教育與人身安全的重要，民國八十九年葉永鋕同學在廁所意外死亡事件，則促使教育政策由兩性教育轉為多元性別教育。現行《性別平等教育法》中，更納入禁止性霸凌〔「透過語言、肢體或其他暴力，對於他人之性別特徵、性別特質、性傾向或性別認同（指個人對自我歸屬性別的自我認知與接受）進行貶抑、攻擊或威脅之行為且非屬性騷擾者」〕之規定。

除此之外，《性平法》中明文規定，學校應提供性別平等的學習環境，建立安全之校園空間，並且尊重及考量學生與教職員工之不同性別、性別特質、性別認同或性傾向，學校應積極提供協助，改善這類處於不利處境之學生的處境，課程教材與教學也需有所考量。或許多元性別的觀念使得同志、跨性別等少數族群較從前有更寬廣的生存空間，不過根本說來，打破傳統性別特質之刻板印象，仍有賴我們帶著性別敏感的心，在生活中隨時留心檢視、覺察與尊重。

延伸閱讀

1. T. A. Harris 著，洪志美譯，《我好，你也好》，遠流出版公司，民83。

2. 羅燦英（1999），〈性別暴力與性別歧視〉，載於王雅各主編《性屬關係（上）》，頁57-99，臺北：心理。

3. 性別平等教育法。

第二節

家庭生活的經營

　　「家庭」是人生第一所學校，「父母」是子女的第一個老師。家庭生活經營良否，影響至鉅。家庭型態與成員角色隨著社會變遷，產生許多變化，例如核心家庭、單親家庭、繼親家庭、兩地家庭、多元成家等等，然而對家庭生活幸福美滿的營造是無庸置疑的。

　　「家庭」是社會與國家的基礎，有幸福的家庭才有幸福的國家。我國於民國92年通過《家庭教育法》，鼓勵青年男女婚前接受4小時的「家庭教育」，顯見國人如何經營健康的家庭生活深為國家政策所重視。無良的家庭照顧者，或傷及幼小生命，或導致身心發展異常，步入歧途危害社會。反之，婚姻與家庭中的關鍵者能善用正向鼓勵，成功經營家庭，讓家中成員能發展潛能，蔚為良材。

　　「盧蘇偉式」的父母將被醫生判定救回來也是植物人的孩子，以「永不放棄」的態度，讓智商只有70的阿偉成為挽救迷途羔羊的少年調查官、著作等身的暢銷作家，以及激勵人心的演講家。遠在瑞典「用腳飛翔的女孩」蓮娜瑪莉亞，在家人的支持下，以「無臂單腳」奮鬥人生，泳破世界紀錄，奪得多面金牌，並向世界各地傳遞愛的力量與美聲。中國大陸的天生啞女周婷婷，在家庭的「賞識教育」下，成為第一位聾人少年大學生，且獲選「2001年中國十大時代女性」。由此可見，健全人格的塑造是滋養

在信任、尊重和理解的家庭氛圍，生活與成長在愛的家庭關係之中，這是家庭功能的展現。這樣的家庭氣氛與家庭生活是可以學習，也是可以經營的。

為增進國民家庭生活知能，健全國民身心發展，營造幸福家庭，以建立祥和社會所特別制定的《家庭教育法》，重點就在增進家人關係與家庭功能。本節就家庭關係與心理發展，以及家庭功能及其經營兩個面向討論之。

一、家庭關係與心理發展

㈠ 嬰幼兒時期

出生至3歲的嬰幼兒與母職照顧者的關聯十分重要，兩者的互動與聯繫形成了一生依附型態的基礎，也常影響往後成年的親密關係。發展心理學區分依附型態主要有四：

1. 安全型依附：母親在場時，對母親優先關注，但非過度依賴。母親離開時會哭、抗議，但母親回來時會快樂迎接，透過母親的擁抱會冷靜下來。

2. 迴避型依附：母親在場時，表現出漠視的態度，當母親離開時，很少會哭泣，母親回來後會逃避她。不會在需要時求援，反而會有憤怒的表現。

3. 抗拒型依附：在母親離開之前便開始焦慮，母親真的走開時尤其不安，當母親回來時，反而表現出衝突的情形，又想接近，又尖叫踢打表示拒絕。

4. 錯亂型依附：此類嬰幼兒常表現出相反行為，或是無組織無目標的行為，常常兼具迷惑與害怕。母親回來時，高興迎接又隨即掉

頭離開，或是靠近母親但眼睛不看她。

第一種類型最常見，約三分之二的孩子屬於此類，第四類型是安全感最少的一型。在這人生的早期，家庭關係中的溫柔照顧與親密接觸給予正向支持與無條件的愛，建立對世界的「基本信任」與對自己的「自主感」，對於個體未來各方面的發展具有顯著直接的影響。

㈡ 幼兒期

三到六歲學前階段個體最大的變化在於動作技能與智力發展。家庭關係中能為孩子提供挑戰和愉快學習的經驗，同時適時如「鷹架」般的支持，將是這類被愛孩童長大後奠定青少年階段良好的親子關係與同儕關係的重要基礎。父母的愛與欣賞，對孩子表現感情的程度，有利於培養具有自信心、有方向和目標的「創新進取」社會心理特質的幼童。

㈢ 兒童期

六至十二歲的學齡兒童身體成長快速，生活重心也逐漸轉向學校，多元智能的學習與操作會讓兒童學得勝任感和勤奮感，發展出「勤勉」的社會心理特質。但是和父母的關係仍是最重要的，家庭中的親子關係因孩子的成長也產生了變化。在父母的監督下，孩子會做出更多日常生活的決定，並且由父母單向的付出轉為親子之間相互付出，重視彼此交流。

㈣ 青年期

十二歲至二十歲是兒童發展至成年的一個重要時期，個體在身體上經歷戲劇性的變化。此期所具善變矛盾、叛逆衝突、充滿壓力與風暴的特色，影響著青少年與父母的關係。「成為我自己」的「自我認同」追尋是重要的發展方向，父母能考慮孩子的認知成長，尊重子女的獨立性，提供足夠空間探索世界，以溫暖接納、肯定傾聽相待，順利「轉大人」即可避

免陷入「角色混淆」的社會心理危機中。

(五) 成年期

　　二十歲至四十歲這個時期充滿各種轉變，例如離家獨立、謀職轉職、結婚生子等。成年後有自己的新家庭，因應經濟或事業發展，雙薪家庭越益普遍，照顧孩子以及對原生家庭父母的關照，在家庭關係中都需要有所了解與調適。從社會心理的角度來看，成年早期人們面臨的危機是「親密或孤獨」，此時需要學習付出無私的愛，願意承諾進入親密關係中。當父母是一輩子的事，需要費心力來維持，但另一方面也是充滿樂趣、有意義、有回報的工作。

(六) 中年期

　　四十至六十五歲的成年中期，卸下養兒育女的重擔後，得適應對子女的控制力逐漸消失的事實。家庭關係中，中年期的父母因為能幫助成熟中的子女，且子女也歡迎受到幫助時，經常是快樂的家庭時光。就心理發展來看，中年期傾向於內省，對自我和生活進行重估，此時順利度過社會心理危機者以「創造生產」取代「停滯自憐」，關懷著家庭、社會和未來的一代。

(七) 老年期

　　六十五歲以後為人生的最後階段，家庭成員也許有所變化，例如配偶過世，子女離家創業。因此老年期回首此生的意義與價值，若是正向有成就者會有「圓滿整合」之感，反之則陷入「悲觀絕望」的社會心理危機。此期的家庭關係中，老年父母的成年子女通常已有自己的子女或孫子女，也許不會介入孫輩的教養過程，但關鍵時刻的主動角色會讓家人有更緊密的連繫。俗話說「家有一老，如有一寶」，「子孫滿堂」對曾／祖父母的

角色是一種情緒上的圓滿。

　　上述以生命週期來看社會心理發展與家庭關係，大學生從子代起始，未來成家生子，進入親代的角色。親代隨著與子女一起成長，能尊重到子女的獨立性，重視溝通的過程，有利人生全程的心理發展，將是家庭關係圓滿的重要功課。

二、家庭功能與生活經營

　　知名兒歌「我的家庭真可愛，整潔美滿又安康。姊妹兄弟很和氣，父母都慈祥。雖然沒有後花園，春來秋回常飄香。雖然沒有大廳堂，冬天溫暖夏天涼。可愛的家庭喲，我不能離開你，你的恩惠比天長。」簡單的歌詞，道出家庭經營對家庭成員的滋養是多麼深刻久遠。叱吒臺語歌壇天后江蕙也唱出膾炙人口的親情歌曲，母子情的「落雨聲」、「花香」；夫妻情的「家後」、姊妹手足情深的「風吹的願望」、祖孫隔代情的「憨阿嬤」、「阿公的眠床腳」，傳遞出對家庭價值與人文內在的省思。

　　我國所訂定《家庭教育法》之範圍，係指具有增進家人關係與家庭功能之各種教育活動，包括：親職教育、子職教育、性別教育、婚姻教育、失親教育、倫理教育、多元文化教育、家庭資源與管理教育，以及其他家庭教育事項。在政府的積極推動下，吾人亦須對家庭功能的內涵與辨識，經營與因應有所了解。

㈠家庭功能

　　家庭型態雖各異，然在基本功能上具有下列共同內涵：

1. 塑造家庭教育與社會化過程。
2. 親密情感的來源與分享。
3. 夫妻性生活的滿足與規範。

4. 生育與撫養子女。

5. 社會角色和地位的安排。

6. 經濟合作與消費活動的提供。

㈡ 滋潤型家庭

　　家族治療領域極具影響力的大師薩提爾女士，在《家庭如何塑造人》一書中闡述良好功能的家庭，亦即所謂的「滋潤家庭」具有下列特徵：

1. 能夠有效的解決所面臨的問題及協調問題。

2. 能夠清楚、直接、一致且有效的溝通。

3. 家庭角色、職責分配的公平且合適。

4. 家庭具有表達負向或正向情感的管道。

5. 家庭能夠照顧每一個人的情緒與需求。

6. 家庭的行為控制是彈性而不僵硬的。

　　良好功能的滋潤家庭將會提升家庭成員的自尊自信，成為培育心理健康的溫床，進而能成就實踐薩提爾所表述身而為人的五大自由：

1. 如是去看去聽現在是什麼，而非應該是什麼，過去為何或以後會是什麼。

2. 如是說出個人的感覺和想法是什麼，而非應該是什麼。

3. 如是去感受另一個人的感覺是什麼，而非其應該如何。

4. 去追求個人想要的，而非總是等待別人允許。

5. 願為個人的福祉冒險，而非只是選擇「安全」，不敢冒任何的風險。

　　由此可見，良好功能的家庭能夠鼓勵清楚表達，反映情感，是開放、關懷、信任、具同理心的，呈現出親密、尊重、容許的健康氛圍。

㈢ 家庭經營的觀念與做法

　　家庭本身是動態的，隨著家人的互動與經營而成長變化。國內討論婚姻家庭的泰斗吳就君教授（民89）從「成長模式」的概念，對引導錯綜複雜的家庭動力朝向人味且健康的方向，提出下列建議：

1. 家中成員互相鼓勵表達，必須從接收回饋中成長。
2. 家人把彼此個別差異的事實當作探索、改變、學習和刺激的機會，而不視為威脅或攻擊。
3. 把「不同意」當作學習的機會，而非一種損失。
4. 家庭成員將內在心意和外在表達方式分開來。
5. 家庭成員到如何表達自己且開放自己，以便與家人連結、親密和成長。
6. 成長過程中最重要的一部分是接受刺激的能力，保存經驗，並依照經驗流動而作為。
7. 通暢無阻地體驗感覺的能力，是另一個重要的成長過程。
8. 情緒和「自我」及「個人的成長」相結合。
9. 當情緒不是附著在家庭神話來維持家庭平衡時，那麼開放系統會不斷地繼續被實踐、滋潤和分享，成員的潛能也能被開展出來。

㈣ 高風險家庭的因應

　　家庭應是避風港，但失功能的家庭也會帶來傷害。關注國內媒體不乏兒少虐待、家庭暴力及性侵害事件的新聞發生，伴隨著父母失業、疏忽、吸毒、酗酒、離婚等危機事件，父母不勝壓力負荷轉向子女施暴，無辜的孩子變成「代罪羔羊」，甚至攜子自殺同歸於盡。或者是管教不公、親子失和、手足鬩牆、反目成仇，釀成人倫悲劇，在在引起社會大眾的高度關切。

　　我國政府自民國93年以來重視此一現象，隨著社會事件日益嚴重，也

積極進行相關措施。衛生福利部於104年修訂之《兒童及少年高風險家庭關懷輔導處遇實施計畫》，特別重視家庭中被惡意對待或輕忽者，期能透過通報、轉介、關懷、輔導、處遇等措施，改善高風險家庭的困境。就該計畫服務對象來看，「人人有責」皆可挺身而出，計有：

1. 經教育、衛生、民政、勞政、警政、社政、戶政、移民等相關單位篩檢轉介之兒少高風險家庭，並依兒童及少年保護及高風險家庭通報表通報之個案。

2. 經相關團體或民眾通報轉介之兒少高風險家庭。

關於家庭成員間實施身體、精神或經濟上之騷擾、控制、脅迫或其他不法侵害之行為時，我國已立有《家庭暴力防治法》，這是亞洲第一部防治家暴專法。自87年公布施行通過讓「法入家門」，96年修正將「同居關係」納入適用家暴法。又因應恐怖情人與分手暴力事件頻傳，104年擴大對目睹家暴兒少以及未同居親密關係伴侶的保護，情侶分手暴力或是糾纏不清將有此法可管，為防止家庭及親密關係暴力構織一個安全網。

依法設立的「家庭暴力防治中心」可協調司法、移民相關機關，辦理下列事項：

1. 提供二十四小時電話專線服務。

2. 提供被害人二十四小時緊急救援、協助診療、驗傷、採證及緊急安置。

3. 提供或轉介被害人經濟扶助、法律服務、就學服務、住宅輔導，並以階段性、支持性及多元性提供職業訓練與就業服務。

4. 提供被害人及其未成年子女短、中、長期庇護安置。

5. 提供或轉介被害人、經評估有需要之目睹家庭暴力兒童及少年或家庭成員身心治療、諮商、社會與心理評估及處置。

6. 轉介加害人處遇及追蹤輔導。

7. 追蹤及管理轉介服務案件。

8. 推廣家庭暴力防治教育、訓練及宣導。

9. 辦理危險評估,並召開跨機構網絡會議。

10. 其他家庭暴力防治有關之事項。

　　遭遇家暴事件時,被害人得向法院聲請通常保護令、暫時保護令,保護令之聲請,應以書面為之。但被害人有受家庭暴力之急迫危險者,檢察官、警察機關或直轄市、縣(市)主管機關,得以言詞、電信傳真或其他科技設備傳送之方式聲請緊急保護令,並得於夜間或休息日為之。

　　為能有效預防及處理家庭暴力事件,減少傷害發生,規定醫事人員、社會工作人員、教育人員、保育人員、警察人員、移民業務人員及其他執行家庭暴力防治人員,在執行職務時知有疑似家庭暴力,應立即通報當地主管機關,至遲不得逾二十四小時。顯見家庭暴力已經不單是私人的家務事,從教育做起,你我有責,盡一臂之力協助通報,杜絕家庭暴力的發生。

延伸閱讀

1. 維琴尼亞‧薩提爾,《家庭如何塑造人》(2006),張老師文化。
2. 《家庭教育法》。
3. 《家庭暴力防治法》。

第三節

校園生活與經營

　　每位剛踏入大學校園的新鮮人都會對大學生活充滿好奇與憧憬，這是人之常情。兩年或四年之後，只有在校期間能掌握大學的資源和機會，並全力以赴、努力不懈的學生，才得以學有所專、德行具優地從大學光榮畢業。否則，不在乎大學校園的生活經營，不了解自己的權利義務，不實踐品德修為，終究只是一個徒具虛名的「大學生」，對個人、社會和國家，都是極大的損失。本節即針對校園生活如何經營、校園法治與人權的認識，以及公民品德的培養三大議題加以探討，以期豐厚你的大學生活。

一、了解校園生活

㈠ 了解並融入校園體系

　　走進大學校園，與高中職學生時代不同的學校體系，會讓你摸不著頭緒倍感壓力嗎？或者你有機會迅速了解校園中可以幫助你的資源呢？你覺得校園充滿友善嗎？還是看到一個沒有人情味的地方呢？你在校園中請求協助時感到自在嗎？你會盡量與那些能提供協助的人接觸，使你的大學生活有最大的收穫嗎？

　　了解大學中有哪些資源是你可以利用的，以及有哪些障礙或限制使你無法自由自在是很重要的。例如，回流教育的在職生或行動不便學生會遇到哪些形式上的限制或空間上的障礙，針對這些困擾，若你能清楚有哪些資源可以幫助你，你將能在所處的大學環境中主動出擊，感受到自己受歡迎，進而營造獲益最多的大學生活。

　　首先，檢視你的內在障礙，例如低度的自我形象，常覺得自己算哪根蔥，也沒人會注意，大學混過就算了；或是學業期望水準過低，遇到課業挑戰就缺乏自信，徘徊在成績低空飛過與擔心延修之間；或是經濟不利的因素不斷困擾你，讓你缺乏長期就學的安全感。此外，了解來自環境中的外在障礙，例如來自偏遠鄉鎮，還不習慣都會大型學校的生活；或是國際學生，校園中沒有許多和你同種族的人；或是回流學習的學生，年齡比其他同學大，讓你不自在；或是領有身心障礙手冊的同學，而學校的無障礙設施又不是那麼完善充分。面對前述種種，正是考驗你的因應之道，你會選擇尋找資源，找出策略挑戰克服呢？或是感到孤單，不敢求援而被障礙擊潰。

1. 了解大學校園生活的基本配備

　　你對校園生活知多少？「民以食為天」，你知道校內外祭五臟廟的最佳餐飲店在哪？大學「靈魂之窗」的圖書館有哪些安排與協助，讓你優遊書海？校園書店有哪些折扣與服務？教務處、系辦、系圖去過嗎？各自有哪些服務措施呢？筋骨想動動時，最佳的運動場所有何設施與限制？最佳娛樂場所在哪？校園景觀最美之處、最佳讀書場所、最可提升心靈或者最適合小憩或作白日夢的角落、最能鬆弛你身心的地方，分別在哪裡？何處是公告學校訊息通知最迅速完整的公布欄？有電子布告欄嗎？最近的郵局或無人銀行（自動櫃員機）位於何處？諮商中心在哪裡？有課業諮詢服務（TA，教學助理）的據點嗎？校園停車管理、校園安全警衛服務位於何處？有緊急呼叫系統嗎？有無校園安全死角需特別注意之處？一旦你找到或去過上述地點甚至瞭若指掌，相信你在校園中生活必定感覺安心友善且自在愉快。

2. 善用大學校園的服務體系

　　⑴ 校園物理環境的服務：例如學生宿舍設計與管理、賃居資訊管理服務系統、無障礙空間設施的改善與維護、學生活動中心與社團活動場所的設計與配置、教室或其他設施（專業教室、資訊教室等），同學充分了解這些相關環境的角色功能後，將有利於個人獲得更大的安全感與歸屬感，以及對校園的親切感和認同。

　　⑵ 校園課業學習的服務：例如選課指導諮詢、外語能力之增強與練習、各項自學與診斷服務系統、校園TA（教學助理）服務、課業諮詢辦公室（學習資源中心）、教師的「辦公室時間」（Office Hour）、補救教學機制、專題製作指導等，在在協助同學完成大學學習目標，克服學習的困擾，以積極主動的態度去完成學業。

　　⑶ 校園生活與活動的服務：導師制度、宿舍作息與活動輔導、社團組織的參與或投入、各項獎助學金、工讀金、就學貸款、急難救助或相關經濟援助的服務訊息，各種團體活動、遊（留）學、比賽或競技的試驗或參加等，透過你的親身體驗，都將讓你的大學生活安心無虞、多采多姿。

　　⑷ 校園身心健康的服務：疾病與醫療的協助與保險服務、健康中心的保健服務、校園餐飲與飲用水的監測、健康體適能的諮詢與指導等，幫助同學擁有健康的身體照護。諮商中心的生涯諮商、心理測驗、心理衛生三級預防服務等，皆有利於學生度過一個快樂且有意義的大學生活。

　　⑸ 少數族群學生的服務：對於如原住民、外籍生、僑生、轉學

生、懷孕學生、身心障礙學生等校園中的少數族群，協助他們在整體學校主流文化與社會氛圍中，能有最佳的適應與發展。

3. 尋找並建立支援系統

當你尚未進入大學校園之前，你的支援系統可能大部分是家人和好友。一旦進入大學的新環境，你就可以及早認識校園中可以協助的人員，例如：學長、學姐、導師、系辦的行政老師（系助教）、系主任、宿舍的室友、上同堂課的同學、課業顧問、授課老師、諮商中心輔導老師、以及其他經驗豐富的學生，或者上網求援（很多學校都設有專人服務網路，提供求助）。處在十分友善的校園中，你本來就不必孤獨地去面對挫折、恐懼地來處理問題。

(二) 社團活動的認識與經營

社團是大學生活「金三角」之一，顯見學生社團是構成大學校園生活的基本要素。無論你是外向、活潑善交際，或是害羞、喜好藝術、四肢發達，透過校園社團活動的參與，都能讓你來補強或增進你的興趣與技能，更是達成全人教育與均衡發展的重要管道。

1. 大學社團的性質與類型

大學社團種類琳琅滿目，與時俱進，種類繁多，大體可歸納為下列六大類型：

(1) 研究型社團：例如臺語研究社、演辯社、資訊研習社、布袋戲研習社、電影研究社、漫畫研習社、原住民文化研習社等，以啟發心智與創意，培養研究學術風氣為目的。

(2) 學藝型社團：例如美工設計社、攝影社、紙藝社、文藝編輯社、飲料與調酒社、禮品包裝社、篆刻社等，著重心性陶冶，

在某一學術領域或技藝的學習，以增進技藝之美的內涵。

(3) 康樂型社團：例如流行音樂社、手語社、吉他社、國樂社、管樂社、康輔社、古典音樂社、古箏社、熱舞社、國標舞社等，以音樂、舞蹈、表演等活動技能的學習來達成調適身心，充實生活的娛樂休閒。

(4) 服務型社團：例如社會服務隊、綠野鮮蹤社、羅浮群、慈濟青年社、知音慈幼社、親善服務隊、春暉社、攜手社、青年資訊志工隊等，體認「人生以服務為目的」的真諦，啟迪關懷社會的善心。

(5) 體育型社團：例如網球社、桌球社、羽球社、排球社、保齡球社、撞球社、瑜珈社、國術社等，鍛鍊強健體魄與運動技巧，發揮團隊精神與健身強身的目的。

(6) 聯誼型社團：例如學生會、系學會、女聯會、校友會等，以聯絡感情為主要目的。

2. 加入社團的注意事項

(1) 不影響課業：大學社團生活是一種成長的經驗，從中接受培育、訓練、或感受相關的知識、技能與態度，而非過度占用或剝削，以致本業學習大受干擾，甚至本末倒置，造成無法順利完成學業，則非參加社團生活的本意。

(2) 避免加入發展不良的社團：社團若缺乏規劃與執行，可能有倒社之虞，或者社團氣氛欠佳，領導風格不良，可能會讓你無法學到團隊運作與合作的效果。

(3) 考量個人興趣外，更應把握可以學到第二專長、績優社團，或延續高中職所參與之社團，作為選擇加入之參考指標。

二、校園生活中的法治與人權

㈠ 學生自治與法治觀念

我國《憲法》第11條規定：「人民有言論、講學、著作及出版之自由。」此所保障的是「學術自由」。大學素來被稱為「學術的殿堂」，因此《大學法》之訂定，亦以學術自由的保護法益為基礎。憲法上學術自由的內涵包括：在主觀法面向的功能建構上，作為防禦權的保護法益者，眾所周知有講學自由、學習自由與研究自由；在客觀法面向的功能建構上，作為客觀價值秩序上的保護法益者，促進文化與學術；作為制度性保障的保護法益者，則型塑了大學自治的制度。

由此可知，大學生對於自身的權利與義務，以及相關的自治與法治觀念，不可不知也。

1. 大學生的學習自由

針對大學生的學習自由，是專屬《憲法》第11條學術自由的保障內涵。學術自由保障大學教師的講學自由；反之，學術自由也必須在校內相關規範下保障大學生的學習自由。因為《憲法》既然保障大學教師可以在課堂上自由的講授其研究成果，也必須保護大學生可以自由的決定去選擇要學習那一位大學教師所提供的講學內容，方不致失衡。由此亦知，大學生是為學術自由基本權的主體。

2. 大學生自治的法理基礎

《憲法》第11條既已明示「學術自由」作為基本權利的保護法益，那麼大學生自治的憲法保障基礎就在於：大學生的學習自由與大學自治。大法官釋字第380號解釋文中提到：「按學術自由與

教育之發展具有密切關係，就其發展之過程而言，免於國家權力干預之學術自由，首先表現於研究之自由與教學之自由，其保障範圍並應延伸至其他重要學術活動，……。研究以外屬於教學與學習範疇之事項，諸如課程設計、科目訂定、講授內容、學力評定、考試規則、學生選擇科系與課程之自由，以及『學生自治』等亦在保障之列。」大法官在此即明白宣示「學生自治」亦為憲法保障的範圍。

3. 大學生自治的內涵

學生作為學術自由的基本權主體，「公共事務」的內涵則是透過組織與民主方式，凝聚全體學生自由意識，表達並參與相關的大學教育事務。《大學法》第13條規定學生代表出、列席校務會議，且在校務會議組織的討論與決定程序上，將學生代表與其他的學校參與人員，放在具有同等權利的決定結構上相對待。《大學法》第17條更規定學生代表出席與其學業、生活及訂定獎懲有關規章之會議。雙向來看，學生可以選派代表、出席做成與其相關之教育決定的組織與程序。學生代表若能充分表達同學的意見，使得學生的利益不致被犧牲掉，而學校也得以適時表達立場與善意，由此可增進校園安寧與和諧。學生代表透過正式的民主程序，參與學校組織處理公共事務，使學生具有共同參與教育決定的可能，落實以學生自我實現為核心的學生自治。

4. 你可以為「學生自治」做的事

⑴ 尊重學生自治團體的輔導單位：學校依據《大學法》的精神，會相當重視學生自治團體的成立與運作。在民主機制中，常需要花費時間與心力進行溝通協商。因此，同學應尊重學校組織

　　章程中所明定學生自治團體的輔導單位，以利學校與學生達成
　　雙贏地局面。

(2) 樂於溝通與協調的態度：學生自治團體的理念須贏得同學的認
　　同，讓多數同學都能深入了解切身的權益與權利問題，凝聚共
　　識。因此在民主校園中，溝通與協調的態度將是影響提升學生
　　參與意識的關鍵，以體現「學生自治」的真諦。

(3) 培養遵守法治規範的能力：了解權力區分與權力制衡的原理，
　　依據民主校園的功能及組織的需要，遵循法治精神，按照法律
　　規定與權力分立原則，成立各種自治團體。同學則需了解各學
　　生自治組織單位的權責，例如：學生會、學生議會，學習運作
　　自治管理，以處理與學生學習、生活及受教權益等方面的有關
　　事項。學生自治團體與學校的關係，應奠基在正當的組織與程
　　序之基礎，彙集全校學生共同自由意志的團體，發起議案，參
　　與學校各類委員會，處理學生的本身事務，共同治理學校。學
　　生參與自治活動，應注意不受不當利益之侵害，妨礙學生應有
　　的權益。故知，同學要積極充實運作校園民主參與方式與程序
　　的能力，配合各校大學自治的傳統與文化，發展出最適合的學
　　生自治模式。同時更要注意，校園生活中不能僅單方要求權利
　　或權益，也要能自律遵守法治規範，例如尊重智慧財產權，避
　　免盜拷或侵犯著作權等違法情事發生。

三、學生申訴與校園人權

　　大學中應落實人權教育，使大學的組成分子都能尊重學生的基本權
利。談到「權利」，絕對不是「只要我喜歡，有什麼不可以」的為所欲

為。我們要有的基本認識是，權利作為法律所保障的正當利益，並非只在保障特定人之利益。所以，學生權利制度帶給學生的法治教育學習，應使學生具理性的判斷與設身處地的思考能力，更重要的是學會「相互的尊重」，增進校園社群的對話與溝通，積極促進學生的發展，以形塑友善校園。

我國自大法官會議釋字第382號開啟學生權利的保護大門，其後第684號解釋，今後大學對學生所做的行政處分或公權力措施，只要侵害學生的教育或其他基本權利，學生即可透過訴願、行政訴訟尋求救濟。例如：學生被記過、申誡或對學校的選課要求、禁止在學校張貼海報、拒絕出借場地舉辦演講活動、不准設立社團等處分，大學生申訴後仍不服學校裁定，可經由行政爭訟程序爭取權益。故教育部為保障學生學習、生活及受教權益，增進校園和諧，特訂定《大學及專科學校學生申訴案處理原則》。

學生申訴基本上可分成三級：向學校申訴、申請評議的「初級救濟」，當不服初級救濟之議決再向教育部提出訴願的「二級救濟」，以及對二級救濟之決定仍有異議而向行政法院提起行政訴訟之「三級救濟」。再者，新修正的《大學法》已將在學學生的身分，擴大增加了學生會與學生自治組織。因此，同學對學校法治與人權更須有一定的認知，除能在校擁有更為完善的發展與成長外，更進而能成為具有法治素養的民主社會公民。

四、校園品德的培養

教育的目的是要培養有品德的人，這種理想古今中外並無不同。《禮記》說：「大學之道，在明明德、在親民、在止於至善。」古人的教育宗

旨已昭然若揭。即使是舉世重視高教的當代，各大學辦學的標竿也都高舉在校訓上，可見重視品德，嚮往盡善盡美的願景始終歷久彌新，而大學必然是一個探索終極真理與培養道德責任的園地。

　　教育部曾經公布《品德教育促進方案》，希望每一個學生都擁有「關懷、尊重、責任、信賴、公平正義、誠實」六大美德，實則其內涵根植於中國傳統一貫提倡的「四維八德」等優良個人品德範圍中，其實踐則廣及全民生活。如此一來，可減少社會失序亂象，達成培育文明國家好公民的最高理想。沙特說過：「人不能從他的自由和責任中退出」，胡適更進一步說：「容忍比自由更重要」。校園中有許多族群需要我們用包容的推己及人心態來接納和對待，像是少數族群學生、外籍學生，或新移民身分學生等；也要更積極地發揮潛能，貢獻社會國家。身居高等學府的大學生，擁有國家社會賦予諸多的資源，我們對自己的要求是不是應該更多呢？讓我們來共同期許：

㈠ 提升公民能力素質

　　多參與並體驗團體生活，在群體生活中，學習適應與人相處，養成自信、樂觀的態度，負責任的觀念，面對困難能保持勇氣，對人對事誠信以對，方能知法、守法、走正路，而非知法、犯法、鑽巧門。

㈡ 認知、辨識並抵禦不良風氣侵襲

　　社會中常見積非成是的現象，校園中也有些風氣需知識分子再加以檢視。例如考試作弊、援助交際、不成熟的性行為、物質濫用等，這不是用「只要我喜歡，有什麼不可以」來搪塞理由化。再者，身居資訊時代，各種傳播工具與媒體推陳出新，無遠弗屆，在這張無形的大網中，人人都受到影響。因此，大學生應積極思辨資訊之良莠，否則將個人影響是非曲直

的判斷，成為社會沉淪推波助瀾的幫凶。

⊜ 激勵重視品德的熱愛與勇氣

　　優質的大學生不僅在學業上追求卓越，在品德方面亦應設定優質之標準努力以赴。大學生在內在情感層面，對於普世的品德價值，例如：良心、自尊、同情、珍愛善良、自我控制與謙遜等核心價值，能勇於學習並內化擁有，也在學習的過程中，以相互激勵的方式，終生知善、愛善、行善並止於至善。那麼個人將獲得幸福感，透過良性的移風易俗，社會也將發揮其功能並導入正軌。

⊜ 實踐自律行動

　　俗云：「舉頭三尺有青天」、「人在做，天在看」，道出市井小民處事的良心原則。此外，君子「不欺暗室」的自我要求，在在顯示道德實踐的最高精神即在「自律」的落實。在先進國家，不能自律就必須付出昂貴的代價，品德的實踐取決於一個人的決定。守法是最起碼的道德標準，品德良好的人會自律，也願意知行合一、落實行動。大學是培育高等人才的搖籃，全球教育界的重要趨勢以及未來人才之祕的結論，知名的《天下》雜誌即提出決定人生勝負的關鍵就在「品格」。同學們，不可不慎！

第三章

敬業樂群

第一節

志願服務的認識

1

　　過去的社會是靠著氏族宗法所建立的社會，現代的社會則隨著企業活動興盛，公民意識興起而有不同的面貌。企業在現代社會中常被稱為第一部門，政府為第二部門，非營利組織（NPO）為第三部門，家庭與鄰里組織合為非正式部門，稱為第四部門。其中，第三與第四部門有時也被稱為公民社會（civil society）。公民社會的定義可能有不同的觀點，但是都著眼於創造更加健康而有益於公共大眾的生活，於是往往有賴許多出於自願、有理想願景且願意負責的公民，來合力解決公共的問題，並藉著分享共同的利益而提升社群整體的期待與理念。因此現代的其中一個新潮流，便是根源於公民社會的志願服務（voluntary service）工作的蓬勃推展。或許一般人較為耳熟能詳的概念是義工，例如社會上的義務張老師、愛心導護媽媽，還有因宗教薰陶而投入服務的，例如慈濟的環保義工，或是因為教育而提倡鼓勵的，例如校園中的心輔義工。對於他們默默幫助他人服務社會，奉獻卻不求回報，我們總有許多感激。隨著時代變遷，延續義工的精神而與義工相似的，則是現代志願服務理念下所稱的志工。

一、志願服務的意義

　　早在一九八五年，聯合國就正式宣布每年的十二月五日為國際志工日，並且在一九九七年正式宣布定二○○一年為國際志工年。英美德日等國推崇並借重志願服務的力量來擴大社會參與的效能，也早已形成風氣，所以志願服務的人口極多。由於我國參與社會服務的義工人數不斷增加，各級人民團體，特別是非營利的社福團體對志願服務人員的重視倚賴與

日俱增，因此在民國九十年一月二十日由總統明令公布施行《志願服務法》，此法並且在一○三年六月十八日修正，藉以表達對志願服務工作的重視，並推動以及完善志願服務工作，號召更多投入志願工作的人數。現於醫療、社會福利、環保、文化教育、消防、警政等各領域登記有案之志願服務團隊數已達五千餘隊，超過四十一萬餘人登記加入志願服務團隊。

　　志願服務的意義，依《志願服務法》第一條為：「民眾出於自由意志，非基於個人義務或法律責任，秉誠心以知識、體能、勞力、經驗、技術、時間等貢獻社會，不以獲取報酬為目的，以提高公共事務效能及增進社會公益所為之各項輔助性服務。」而對社會提出志願服務者即是所稱的「志工」。以下，就志願服務重要涵義稍做說明。

1. 志願服務是個人主動而且自願的奉獻，乃出於個人自由意志的行為，並不是來自外力的要求下不甘不願的從事。志願服務也不是由於義務責任所從事的行為，如法律判決緩刑之社區服務。

2. 志願服務工作的目的不在於獲取個人的金錢利益，或為了家庭、友誼等個人好處。志工與義工都是出於自由意願而提供服務，但不同於義工的無酬服務，志工強調的則是不以獲取報酬為目的，即使仍可能得到回報，但多寡不計較。

3. 志願服務是為了公共事務或社會公益的利他行為，而非以個人聲望的累積為目的。雖然志願服務領域、方式、項目具廣泛與多樣性，但對公領域的熱情是共同一致的，期待的是這個社會可以因為自己投入公共服務的微薄心力，而使得今天比昨天更好、明天比今天更好。所以只要有心，都可以找到一塊耕耘的園地。

4. 志願服務是長時間的投入，並不是偶發的行為，或者協助老人過馬路這般的隨興做善事。然而即使是長期投入的行為，志願服務

工作卻是利用閒暇的業餘從事，在生活中累積每次服務的小段時間，發揮積沙成塔的作用，也因此格外難得。

5. 《志願服務法》所稱的志工也不是指個人單純的公益行為，例如發心每天掃馬路，而通常是由機關、機構、學校、法人，或經政府立案團體所召募運用，是專業素養的服務。因此，《志願服務法》第九條明訂，為提升志願服務工作品質，保障受服務者之權益，志願服務運用單位應對志工辦理教育訓練。教育訓練內容包括中央主管機關訂定的基礎訓練，包含志願服務的內涵、倫理、法規等基本認識，以及各志願服務運用單位依其需求所個別訂定的特殊訓練。

二、志願服務的功能

志願服務工作的成效，多少影響著社會的福祉與生活品質，改善社會有形環境或提升無形的心靈社會價值，在經濟不景氣及／或獲政府補助減少的情形下，志工尤其成為國家重要的社會資源，以輔助或替代政府辦理公共服務，或者作為政府與民眾的橋梁。由志工所參與志願服務的深度與廣度，更可以呈現公民社會的素養，創造溫暖而有情意的社會。我們可以看到志工們藉著各類服務工作，造就了人類社會更多的和諧安定、自由正義，以及尊嚴價值，例如學校的愛心導護工作隊、醫院裡穿著背心提供詢問的服務志工、美術館裡專業的解說志工……，甚至有九十多歲的老先生，每週精神抖擻且儀容整齊的準時值班服務，著實令人欽佩。

志願服務的功能還可以從以下三個層面觀察：

㈠ 就志願服務運用單位而言

志工所從事的雖為輔助性服務，卻能降低組織運作的聘僱人事成本，

甚至協助組織提升效能，特別是非營利組織，只要有少數支薪的員工，即可帶領大量義工從事設計、支援、諮詢、執行等工作。在這部分，運用志工的機構所設計的志工運用模式，以及其為志工辦理的職前與在職訓練，將影響整個志工服務的品質。舉例來說，各地區「張老師」1980輔導專線，即是由歷經職前訓練一年，每年至少三十小時在職訓練的義務張老師擔任，以臺中「張老師」中心為例，150位左右的義務張老師，透過電話、晤談與函件方式，每年服務的民眾將近一萬五千人次，為社會帶來許多安定的力量。

㈡ 就受服務對象而言

因志願服務工作而產生的人我關係中，最為密切的便是志工本身以及受其服務對象。就受服務對象而言，接受志工的服務常是比較能放心、不需擔心經費上的負擔，而能夠接受到更多的溫暖與鼓勵。許多曾經接受過志工服務的當事人，也常在自己的狀態許可後，因為受人點滴而湧泉以報，繼續踏著前人的步伐走在志願服務的路上。像是許多病友就在病癒後投入志工行列，幫助同受病苦的病人，他們有自身相似的經驗，有時甚至還比專業人員更能夠對病人產生鼓舞的力量。

㈢ 對志工本人而言

志願服務工作除了是有效的利用空餘時間奉獻自己助人的熱情，更是在服務當中，因著人際開展而收增廣見聞、自我成長學習之效，常常可以在服務團隊中認識志同道合卻在能力上各顯神通的朋友，也常常在服務過程中，彼此激盪學習，精進服務的知能。雖然不諱言積功累德是有些人初為志工的動機，但時日一久，其實參與志願服務而得到的收穫、鼓勵或回饋，常常像是打開一盒巧克力的驚喜，不在預期內，卻久久甜蜜在心裡，

因為身為志工的承擔，圓滿了自身生命。「身為志工」這件事本身就帶來美好，而不是擔任志工做了哪些事才使得生命美好。在志工的經驗中，不僅彼此欣賞與享受各種能力、才智與心意帶來的成就，同時也珍惜和肯定自己誠懇表現的獨特性。參與志願服務不僅是做一份工作，更是成就一份使命感。

三、志工概況與志工權利義務

㈠ 志願服務工作者概況分析

　　雖然概念上志願服務工作是人人皆可參與，實際上，個人的知識、時間、能力、金錢等因素皆可能限制個人從事志願服務。究竟是哪些人特別投入志願服務工作呢？就性別因素而言，女性對志願服務的參與率明顯高於男性，或許這與女性的社會化過程有關，以志願服務作為其自我實現的工具。由主計處的統計來看，就年齡的因素而言，45-54歲人口之志工參與率最高，但就志願服務投入的平均時數分析，65歲以上的老年人口持續投入志願服務的比重，以及平均每週投入時間，與其他年齡組比較都是最高的。此外也有研究發現身體越健康者越傾向投身於志願服務，高教育者志願服務參與率高於低教育者。

㈡ 志工的權利義務

　　關於志工的權利，依志願服務法有以下數項：

1. 接受足以擔任所從事工作之教育訓練。
2. 一視同仁，尊重其自由、尊嚴、隱私及信仰。
3. 依據工作之性質與特點，確保在適當之安全與衛生條件下從事工作。

4. 獲得從事服務之完整資訊。

5. 參與所從事之志願服務計畫之擬定、設計、執行及評估。

至於志工應遵守的義務，最重要的是遵守倫理守則與保密之規定。即使身為志願工作者，仍應遵守志工倫理守則，與志願服務運用單位訂定之規章，例如，對因服務而取得之訊息必須保守祕密。至於其他義務還包括：

1. 遵守志願服務運用單位訂定之規章。機構對於志工亦訂有相關的規範或督導，亦是必需遵守的範圍，以免使自己的好心服務反成自己與機構的負擔。

2. 參與志願服務運用單位所提供之教育訓練。即使是志願服務也有品質的考量，定期接受訓練，以期提供受服務者合宜且符合專業要求之服務，也是必要的自我期許。

3. 妥善使用志工服務證。

4. 服務時應尊重受服務者之權利，以受服務者之福祉需求為首要考量，才不至於反客為主。

5. 拒絕向受服務者收取報酬。

6. 妥善保管志願服務運用單位所提供之可利用資源。

有關於志願服務工作的獎勵，政府亦訂有相關的措施，例如，擔任志工服務年資滿三年，服務時數達三百小時以上，就可以申請核發志願服務榮譽卡，並且憑卡可免費進入公立風景區或未編定座次之康樂場所及文教設施，像是故宮博物院。而從事志願服務工作滿一年且服務時數達一百五十小時以上，具有志願服務績效證明書之役男，也可以優先服該相關類別替代役。

四、志願服務的趨勢

　　志願服務的發展趨勢可以由以下幾點稍加說明：首先，現我國人口趨於老化，老年人口比率攀升快速，加上平均壽命增高，許多退休人員加入志工行列已是相當普遍的現象。高齡化社會中高齡志工參與志願服務的情形勢必日益增加，由年輕老人為年長老人提供服務的情形也將更為普遍。其次，現今教育當局對志願服務工作越來越重視，國高中到大學課程中常見服務學習的內容或專案。隨著許多學校對服務學習的鼓勵推動，越來越多青年學子加入志工之列而有學校志工之族群，志願服務也因此有著年輕化的蓬勃發展氣息。

　　此外，也因為現在是資訊科技發達的時代，於是有所謂「虛擬志工」（virtual volunteering）的出現。虛擬志工意指運用網際網路的方式，將全部或部分交付的工作在家裡或辦公室完成，對於有家務纏身、行動不便等個人因素考量，卻又具備服務熱忱者，多了參與社會服務的管道，例如網頁維護志工、翻譯志工。虛擬志工們可以不需與服務對象面對面，而透過網路提供線上服務，使機構的志願服務方案因為專業與科技的結合，而發揮最大功能。

　　除此之外，另有家族志工、企業志工或專業志工等不同型態的志願工作人員。例如，企業為了回饋社會或塑造公益形象，除了財力的挹注外，甚至在政策上鼓勵員工參與志願服務。

　　放眼未來不但志願服務的領域、項目增多，志願服務工作者承擔的責任也增加，甚至不限於補充性、輔助性的人力。特別是我國社福單位經費較少的情況下，統整各地區的志工中心以協調志願服務相關工作，有計畫的開發、召募，與運用、帶領志願服務人員，平等而互補的對待志工與專

業、專職人員，將是未來發展的努力方向。相信在志願服務這樣無疆界、神聖而慈善的行為影響下，公民社會將更加溫馨，也更能彰顯人性崇高的尊嚴。

延 伸 閱 讀

1. 影片：《讓愛傳出去》，2000。
2. 衛生福利部志願服務資訊網，http://vol.moi.gov.tw/default.aspx

第二節
服務學習的進行

一、服務學習的意義

　　「服務學習」是「服務」與「學習」的相互結合，也就是在服務過程中獲得到學習的效果，如同美國教育家杜威（John Dewey）所提的「從做中學」（learning by doing）。服務學習是結合課程與社會服務的多元教學方式，強調「服務」與「學習」並重，所以它與傳統的課程實習、志願服務與社區服務等相關活動並不完全相同。服務學習是一種重視學習過程的服務，必須透過計畫性的服務活動與結構化的反思程序，以滿足被服務者的需求，並增進服務者的學習成長。

　　服務學習可將服務學習的內涵融入通識教育、專業課程與勞作教育課程，並結合學校社團活動計畫性的規劃、輔導、反思及評量來達成設定的學習目標。通識教育融入服務學習，透過服務活動，體驗生活倫理、公民品德與生命價值，進而實踐社會關懷；專業課程融入服務學習，藉由實作

服務，驗證課程理論與學以致用，發展職涯規劃與群己關係；基本勞作教育融滲服務學習，藉由環境清潔維護，培養學生負責、守時、勤勞、團隊合作與良好生活習慣的美德。

　　服務學習課程既可以教育學生關懷社會，也可驗證與發揮課堂所學之理論；而學校與社區互惠交流可使得社區獲得學校的資源，學生亦可從中獲得自我成長與增進了解社會的機會；而反思活動可以幫助學生將社區活動與課程所學的知識，在服務過後做反省與內化思考，以省思所學之價值與改善之處。服務學習是一種將整個社會資源轉變為學生學習的翻轉教學方式，它豐富學生學習的內容、對象、時間與空間，也使得學生學習成效從單純的課堂理論擴展到實際參與社會活動。

　　Sigmon（1996）提出的四種服務與學習模式關係類型（如圖1），最理想的「服務學習」模式是圖1的高服務與高學習「SERVICE-LEARNING」，服務與學習的目標同等重要。換言之，服務與學習二者在課程中具有某種程度的平衡關係，這也是服務學習一辭常見中間有連字

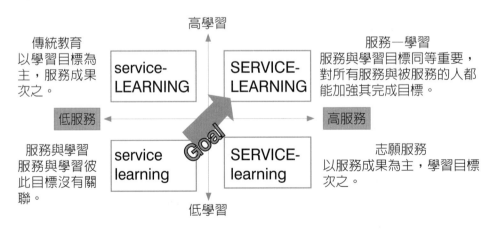

圖1　服務與學習模式關係

符號與英文大寫字體，如「服務－學習」（SERVICE-LEARNING），其代表平衡與並重的意涵。學生可以將服務活動與專業或任何知識的學習自我整合，但這種整合或平衡關係的達成，必須藉由過程中最核心的「省思」才能獲致。因此，任何一種通識基礎課程或專業課程的實施，結合社會服務活動，透過內省與不斷地檢視、修正、學習與成長，皆可視為服務學習。服務學習若是低服務－高學習的「service-LEARNING」則類似傳統教育，以課堂之學習目標為主，但服務成果次之，也類似學生校外實習有學習的內涵卻無社會服務精神養成的缺憾。而高服務－低學習的「SERVICE-learning」則形同志願服務，以服務成果為主，學習目標次之，缺乏課程領導與結構化反思；低服務－低學習的「service learning」則代表服務與學習彼此目標沒有關聯。

二、服務學習的目標

　　服務學習的推動重視多元參與，可增進學生、教師、學校、社區機構與名間組織交流合作的機會，並促進彼此的學習成長。每個參與者皆是服務學習的實踐主體，讓學校與社會形成多元教育夥伴關係。因此，以下分別就共同參與服務的學生、學校與社區來闡述服務學習的主要目標：

㈠ 學生方面

　　透過實作服務的經驗，從真實環境中體驗貧窮、弱勢、公平與正義等社會關懷議題，也感受到不同的社會地位差異，看到被服務者的需求，這些會讓學生產生未曾思考過的心理衝擊。透過服務學習課程，有計畫的安排反思與討論，有助於學生發展批判性的分析與思考能力。並經過反思的過程，採取利他的行動，將會培養學生應具有的道德情操與社會公民責任，也有助於增進人際關係，培養領導、溝通技巧及解決問題的能力。透

過服務學習，使學生養成勤勞、自律、合作、人文關懷、參與公共事務、回饋社會等社會公民應有的素養。另一方面可提升專業能力，將課程轉化為豐富的實務經驗，有助於學生提升日後職場競爭力。

(二) 學校方面

師生共同規劃與執行服務活動使學生成為主動學習的夥伴，而不再是被動的知識接受者，將會帶動改變師生間的關係。實施服務學習課程讓師生互動更多，學校氣氛更開放，使教師實施教學的環境從學校擴展到社區，從虛擬變成實境。在社區服務與課程的相互結合，學生一方面「學以致用」，另一方面「從做中學」，可提高教學成效。服務學習長期以來被視為改善教育的一種方式，是一種多元教育，也是一種翻轉教學。學生參與服務學習更能有效學習並成為良好的公民，而這正是學校的教育宗旨與使命。而透過服務學習課程的實施，讓學校、社區與民間組織成為夥伴關係，彼此分享更多資源。在校園內，因為服務學習的活動規劃，可增進同學之間的互動交流、師生之間成為服務與學習的共同參與夥伴，進而增進學生對學校的向心力。

(三) 社區方面

社區與機構是接受服務的一方，每個被服務者有不同的需求，服務學習方案的設計應視被服務者的需要規劃服務活動，而不是提供你想做的服務，要被服務者全然接受，否則只是造成被服務者的困擾。志工同學們直接投入服務資源，改善社區環境、照顧弱勢、投入偏鄉服務、縮減城鄉差距，或是參與社會公益活動，都會使得社區獲得到實質的幫助。因為學校師生參與社區活動，為社區與機構注入新的動力，或產生新的衝擊，將會帶動社區機構新的思惟。學生除提供服務還可以作為社區與民眾雙向溝

通的橋梁，幫助社區行銷，並反映民眾意見給社區，充分發揮社區功能。在服務學習的反思，亦可邀請社區機構共同參與，透過討論與溝通了解雙方的目標，擴大服務成效，讓服務者與被服務者共同學習成長，建立長久合作的夥伴關係。學生青春洋溢、有熱情、有理想、願意參與社會關懷活動，激勵社區發展特色，進而活化社區發展。

綜歸以上，服務學習的執行可在學校既有的基礎與特色上，融合學校正式課程、非正式課程與社團活動，結合學生、教師、學校與社區機構的資源共同參與。服務學習的推動以激發參與社會活動和省思分享為主，輔導與鼓勵學校結合社區發展特色，成為推動服務學習的合作夥伴。

三、服務學習的執行

服務學習課程設計與執行需經過準備、服務、反思，以及成果共享的慶賀四個階段，以下圖2說明（林銘雄，2002）：

㈠ 準備階段（Preparation）

本階段的重點在於服務學習方案事前的構思、規劃、評估及協調。服務學習的準備階段應與教師課程的教學計畫相連結，由教師、學生、學校與社區機構共同發展服務計畫，並進行事前之培訓，以符合服務計畫之專業需求。計畫實施前，應訂定服務主題、計畫目標，並設計服務計畫，包括實施的時間、地點、所需的人力與經費，以及必須尋求的資源協助與整合等重要問題。教師依據課程學習目標、社區與機構的實際需求、同學能提供的服務力，邀集合作夥伴進行方案的規劃與準備。

㈡ 服務階段（Service）

正式進入服務方案時，每個活動應確認是否符合事前準備階段的規劃

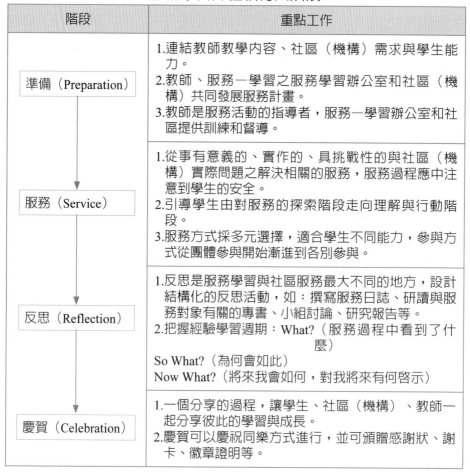

服務學習課程執行四階段

階段	重點工作
準備（Preparation）	1.連結教師教學內容、社區（機構）需求與學生能力。 2.教師、服務－學習之服務學習辦公室和社區（機構）共同發展服務計畫。 3.教師是服務活動的指導者，服務－學習辦公室和社區提供訓練和督導。
服務（Service）	1.從事有意義的、實作的、具挑戰性的與社區（機構）實際問題之解決相關的服務，服務過程應中注意到學生的安全。 2.引導學生由對服務的探索階段走向理解與行動階段。 3.服務方式採多元選擇，適合學生不同能力，參與方式從團體參與開始漸進到各別參與。
反思（Reflection）	1.反思是服務學習與社區服務最大不同的地方，設計結構化的反思活動，如：撰寫服務日誌、研讀與服務對象有關的專書、小組討論、研究報告等。 2.把握經驗學習週期：What?（服務過程中看到了什麼） So What?（為何會如此） Now What?（將來我會如何，對我將來有何啓示）
慶賀（Celebration）	1.一個分享的過程，讓學生、社區（機構）、教師一起分享彼此的學習與成長。 2.慶賀可以慶祝同樂方式進行，並可頒贈感謝狀、謝卡、徽章證明等。

圖2　服務學習課程執行四階段

內容，以實踐服務學習的內涵，或許因許多因素調整活動方式，但仍應由教師引導逐漸探索，達成學習目標。透過服務活動，學生從事有意義的社會關懷議題，協助社區解決實際問題，其方式初期可先以團體方式參與，再漸漸以個別方式規劃服務方案。服務方式最好也有多元選擇，學生可以依不同的能力與專長參與服務，讓多元智慧充分發揮，但服務過程務必注

意安全，而心態上應以貢獻服務、無私付出，不應以施捨與課程修學分的心態進行。

三 反思階段（Refliection）

「反思」（reflection），是「服務」與「學習」兩者相互連結的關鍵，也是協助學生將「服務經驗」轉化為「學習心得」的酵素。如果缺乏反思活動，則與一般志願服務沒有多大差別，「學習」的意義和效果必然降低。反思活動可以在服務前、中、後分別進行，亦可邀請被服務單位共同進行反思，依課程或方案的學習目標，探討服務學習的價值與貢獻。反思的類型包括：撰寫服務報告、小組討論或設定主題、結構問答。反思內容可運用經驗學習模式，從以下提問中自我學習：What？（服務過程中看到什麼？我做了什麼？）So What？（為何會如此？對我有何意義？）Now What？（將來我會如何？對我將來有何啟示？）依據服務經驗如此加以反思，有助學生將認知與情感連結學習，產生新的領悟，建立新的價值。

四 成果分享（慶賀）階段（Celebration）

慶賀是一種分享過程，可邀請學生、老師與被服務機構一起分享彼此的學習與成長。藉由分享，學生肯定自己的參與和貢獻，並可給予適當的鼓勵，激發學生持續投入服務的決心與承諾。慶賀的過程可以同樂方式進行，頒贈感謝狀、謝卡或發表心得與感言，在歡樂的慶賀過程中，建立自信心，擴展社會關懷正面思惟力量，亦有助於日後服務方案的持續推動與服務夥伴關係的延展。

第四章

物我和諧

第一節

環境倫理學概論

概略而言，環境倫理學思考下列三大議題：

1. 地球和生物都有道德地位（moral status），值得人類的倫理關懷（ethical concern）。

2. 地球和生物都有固有價值（intrinsic value），也就是說，它們之所以有道德地位只因它們存在的事實，而非由於符合人類的需求。

3. 基於生態系統的概念，人類必須將「整體（wholes）」視為包括所有形式的生命以及自然環境。

一、環境倫理的對象

1. 環境倫理並非僅關心個體，而是在意群體如何對待其成員，以及不同國家民族之間如何彼此對待。

2. 環境倫理也包含人類面對各種生物以及自然世界所產生的反應。

二、環境倫理的時效

在談論環境倫理時，必須要考慮到未來世代的利害關係人（future stakeholders），因為許多目前所做有關環境倫理的決定，其影響並非短期或顯著的，例如目前如何處理核能廢料的作法，不僅影響到現代人，也勢必影響到人類的未來世代。

因此，應該記取美國原住民依洛科族聯盟（Native American Iroquois Confederacy）的傳統說法精神：每項深思熟慮都必須考慮對以後七個世代的衝擊。

三、環境倫理的範圍

環境倫理提醒人類不僅要思考未來，更要人類思考領域超越有形的陸地、水域和大氣。

首先，不要將自然世界的一切資源視為理所當然。其次，任何的決定都要思考有形標的之後續影響。例如，人類隨手丟棄的塑膠瓶，倒入路邊水溝的淘汰機油等，其後續的結果是難以預料，但肯定是對自然世界有某種程度之影響的。又例如在亞洲所燃燒形成的煤煙有可能飄落至北美洲，或者歐洲和北美洲產生的溫室氣體會提升全球的平均溫度，從而影響全球的生物和生態系統。

再者，必須從生物圈（biosphere）和生態系統（ecosystem）的整體角度來思考環境倫理，因為蝴蝶效應，任何人類所付諸行動的措施都可能對意想不到的空間、生態環境和非目標生物產生影響。

四、環境倫理的思考要項

1. 經驗值和理想值

經驗值（empirical）指的是我們實際經歷的生活，而理想值（ethical）則是我們理想中的生活。在討論環境倫理時，任何論點都應該有科學數據作為依據，且有明確的立論和說明，不能因為個人的理想和執著而堅持脫離現實的作法，導致空有理想但未能解決所面臨的問題。例如，部分人士基於最近幾十年大氣中的二氧化碳濃度持續微幅增加的數據紀錄，認為溫室氣體擾亂了全球的氣候，形成所謂溫室效應導致全球溫度上升。而人類和地球都具有道德地位和價值，因此，基於環境倫理的考量，必須設法減

少溫室氣體的排放，以緩和地球溫度的上升。但要注意的是，即使此段聲明是描述一個事實（fact），也有科學的依據，卻不見得是完整的真相（truth）。也就是說，儘管有二氧化碳濃度持續微幅增加的數據紀錄，但並沒有足夠確切證據可以將地球溫度的上升完全歸咎於此因素。事實上，並非所有環境學者都贊成二氧化碳濃度是導致全球暖化的主因。

2. 絕對價值、固有價值和工具價值

依照事物被允許破壞的相對程度，大致可將事物分為三大類。首先，具有絕對價值（absolute value）的事物，其價值是永遠不允許被破壞的，例如純真的人類生命固然會被傷害，但在任何情況下都不會有正當理由存在。反之，自然世界則普遍僅被視為具備固有價值（intrinsic value），動物亦然，基本上都是賦予被保護的角色，但是會有例外，例如在野生動物管理的前提下，狩獵在許多情況下是被允許的，或是因為地區的農業、工業等經濟發展的需求，部分自然世界會被有計畫的改變，也就是說人類會有某種程度的共識，在特定條件下某些事物是被允許可以改變的。

至於工具價值（instrument value），指的是各種事物對人類的功能性而言，例如自然世界能夠提供人類精神上和物質上的需求，雖然當事人的感受程度會有所差異，但基本上都會認同自然資源所帶給人類的便利。

在思考環境倫理時，相關事物彼此的實質價值以及可能的互動關係自然是不可忽略的一環。

五、應用環境倫理的三項基本原則

　　在特定的環境問題討論環境倫理的應用時，有許多不同的處理原則，但都會延伸包含自然世界的福祉（well-being）以及人類的責任義務（duty）。下述是應該知曉的三項環境倫理的基本應用原則，也是所謂的倫理基準（ethical norms），無論評估打算採取的行動有關多重問題的是非對錯，或是不同當事者的利害關係，都可以適用。而相對於科學原則的固定不變，環境倫理的原則是具有彈性空間的，不會有標準答案，可同時適用於評估矛盾的場景，決策的過程或決策的結果等不同場合。

1. 公平（justice）and 永續（sustainability）

　　眾所周知，公平就是除了有正當理由之外，必須用相同的模式對待每個人。環境公平性關心的是使用不公平的方式取用自然資源，以及較低收入的社區通常會有較嚴重的汙染問題。同時，此公平的概念也適用於動物福祉，例如，基於何種理由，其他動物要成為人類這種動物所食用或利用？近年的生物學研究顯示，人類與其他動物之間的差異比一般認知要小得多。因此，基於彼此的近乎等同性，人類是否應該給予其他動物更多的人道待遇？甚或不再使用動物？為了將公平性應用於環境倫理決策時，我們應該思考下述兩個問題：

(1) 是否所有牽涉到此環境倫理問題的所有人類都一視同仁，如果不是，為何？

(2) 是否所有牽涉到此環境倫理問題的所有生物都一視同仁，如果不是，為何？

　　永續性只不過將公平性延伸至未來世代而已，它可以被定義為

「符合目前世代的需求，但亦不妨害未來世代達成其需求的能力。」因此，目前我們使用化石能源（石油、瓦斯、煤炭）、表土層、水源的方式（消耗量遠大於補充量）就沒有永續性可言，因為屆時這些自然資源將被消耗殆盡，大量流失或是嚴重汙染。因此，環境倫理必須將公平性概念延伸至未來世代，為了將永續性應用於環境倫理決策時，我們應該思考下述兩個問題：

(3) 我們眼前的問題，其立即效應和長期效應為何？

(4) 誰（目前和未來世代）會受到這些眼前的問題效應的影響？

2. 充足（sufficiency）and 愛心（compassion）

充足的原則要求所有形式的生命都有權利得到足夠的物資以便生存和繁榮。此原則也意味著任何人都不可以浪費或隱藏提供給大家的資源。要能夠維持充足的原則就必須要求個體做到：分享、簡單生活、開創性想法以及對人類社區：確保每個人都可以得到從事尊嚴生活所需要的物資。而環境倫理「充足」的原則接近於道德上「重要」的概念，也就是說，某些值得我們關注的事物，此意味著我們將其他人的需要列入我們認為重要的或值得考量的事項之中。當我們考量其他者的需求，例如社會中貧窮的個體或是世界上貧窮的國家時，我們就在彰顯道德上的充足原則。此原則協助我們去想到我們有義務責任，應該考量到的他人。但對某些人而言，尤其是認為地球沒有足夠資源可以提供給每個人者，這個原則是有矛盾情結的。為了將充足性應用於環境倫理決策時，我們應該思考下述兩個問題：

(1) 決策的結果是否確實能讓參與者，尤其是貧窮者得到足夠的物

資以便生存和繁榮？

⑵ 決策的各個層面是否有任何的浪費或過分？

愛心就是將充足的原則延伸至整個地球。環境倫理主張其他的動物、植物或是資源（水、土壤、空氣）都具有道德重要性，人類有責任去進行符合牠們需求的作為。當然，這是一個見仁見智的概念，很難取得一致性的共識，無論如何，人類的未來肯定是與其他生物的福祉不可切割的，也就是消費者、被消費者、食物鏈、生態系的概念。為了將愛心應用於環境倫理決策時，我們應該思考下述三個問題：

⑶ 我們有哪些對其他生物的義務責任會受到我們行動的影響？

⑷ 充足對其他生物的意義，尤其是面臨絕種威脅的生物？

⑸ 所謂將愛心原則延伸至其他非人類的生物，其內涵為何？

3. 團結（solidarity）and 參與（participation）

團結使我們思考如何在社區中與其他人互動。此原則假設我們都認知我們只不過是某個群落（community）、某個生物家族、某個當地社區，或國家社會的一分子，接著要我們去思考與其他成員之間的所有關係。在全球化的經濟體系中，我們事實上參與了一個極為龐大的國際經濟群落，我們所需要的物資和服務往往是由世界的另一端所供應。團結的原則就是要我們思考如何在此種延伸的群落中，能夠在行動中考慮到他人的福祉。為了應用團結原則於環境倫理決策時，我們應該思考下述四個問題：

⑴ 在此場景中，牽涉到哪些參與者？

⑵ 在此場景中，牽涉到哪些自然資源？

⑶ 是否有生態系統牽涉其中？

⑷ 是否有任何參與者（包含人類和非人類）是特別脆弱的？

參與則是將團結的原則延伸為實用。易言之，團結的原則衍生出了參與的原則，因此受到環境決策影響的成員可以在效應形成的過程中調適自己。許多環境的問題都源自於思慮不周，例如私人或私人公司的行為，或即使是政府的決策，沒有適度環保評估的作法，常導致錯綜複雜的結果。而受影響者往往是不知情者，或是不了解環境變異可能導致的長遠影響，例如中國三峽水壩的建築，其實際的影響非短時間所能完全明白。參與的原則就是要認知所有可能受影響的當事者（包含人類和非人類），在決策的過程中都應該有表達意見的機會，有權利知道決策是如何制定的。真正的參與必須是資訊透明，也就是參與的每個成員所接收到的資訊都是相同的。為了應用參與原則於環境倫理決策，我們應該思考下述兩個問題：

⑸ 在決策的過程中是否每個參與者確實有表達意見的機會？

⑹ 是否有參與者是不足以代表自己者，或是權利較小者？在決策的過程中由誰來代表這些弱勢者？

六、科學在環境倫理中的角色

摘要而言，科學產生極端便利但並不完美，也同時帶來了問題。科學、技術、工程給人類社會帶來極大便利，成就了巨大的財富和舒適的物質生活，但仔細分析，許多人都感受到科學力量具有雙重效應，科學知識和科學方法固然帶給人類社會前所未有的物質生活，但同時也對地球以及部分貧民產生了負面衝擊。汽車工業改善了交通便利，但人類因此將許多良田變成道路。石油、天然氣和煤炭等化石燃料將農業社會推進成了工業

社會，但化石燃料燃燒所釋出的二氧化碳卻某種程度導致了溫室效應，干擾了大氣和地球氣候。核子科技帶來的輻射可以用做化療控制癌症，但過度的暴露卻造成嚴重的傷害。核能不會產生二氧化碳，但核能廢料卻可能需要上千年才能消除其輻射性。隨著科技的進步，已開發國家往往由貧窮的國家地區進口原料資源，導致貧者愈貧，富者愈富的惡性循環。

科學方法本身固然是傾向於公正而沒有偏差，但科學產品的製造過程和結果卻往往對人類社會和自然資源，以至於對環境倫理也導致了錯綜複雜，正反兩極的實境。

七、生態學與環境倫理

生態學和環境倫理其實可以說就是一體的兩面，生態學研究的就是生物與生物之間，生物與非生物之間的相互關係，也就是生態系統內所有成員之間的食物鏈（能量）的交流傳遞。環境倫理不過就是強調在生態系統內所有成員之間的互動能夠更加的有效率，更加和諧。由於自然資源有限，因此競爭是生態系成員之間的常態，所以提醒參與競爭的成員應該採取公平，永續，充足，愛心，團結，參與等原則作為平衡地球生態系統的基本作法，才能達到地球生生不息永續發展的目標。

第二節

生態保育的作法

自有人類以來，人們的活動（包括生存與發展）就與自然生態系統密切相關，例如，穀類、蔬菜、水果、魚類、肉類、飼料、燃料、木材、藥材等食、衣、住、行所不可或缺的原料，無一不是地球上大自然的資源。

此外，地球生態系中的許多自然循環調節系統，例如微生物主導的有機廢棄物分解活動以及土壤肥沃度的維持、森林及土壤所建立的空氣與水質的淨化作用、海洋對雨量及氣候的調節等無不對人類的農業、工業發展形成一定的影響，若非豐富的種種自然資源以及健全的生態循環系統運作，人類是否能夠存活於地球之上仍屬疑問，遑論人類的文明進展。因此，生態保育與永續發展絕對是互為因果的議題。

　　事實上，遠在孟子時期，大約是西元前三、四世紀已有生態保育的概念，例如〈梁惠王〉篇中就提到：「……不違農時，穀不可勝食也；數罟不入洿池，魚鱉不可勝食也；斧斤以時入山林，林木不可勝用也。……」。同時，他也有敬畏大自然的言論，例如在同篇中說到：「……天油然作雲，沛然下雨，則苗浡然興之矣。其如是，孰能禦之？……由水之就下，沛然誰能禦之？」然而長期以來，基本上人類總是將大自然所提供的寶貴資源，例如飲水、空氣，視為與生俱來，理所當然，也經常遺忘濫用自然資源可能導致大自然的反彈，產生非人力所能抗拒的大規模天災地變，因而自食惡果。

　　要言之，地球的資源雖然豐富，但是仍然是有限的，也會被汙染、破壞的，若僅以人類的角度來思考、掌控所有生物所相互依賴、必須的地球資源，可以說是閉門造車，經常產生後知後覺甚至不知不覺的錯誤。我們必須謙卑體認，人類只是地球上千百萬種生物之一，相對於其他物種而言，人類對地球生態系的重要性是微不足道的，即使沒有人類存在，這個地球仍然可以繼續運轉。但是，20世紀的這一百年，人類科技進步發展對地球環境所形成的衝擊，是有史以來無與倫比的負面結果。因此，為去除人本為主的自私思惟方式，有效推動整體地球生態的環境資源保育觀念，近年來，永續發展已是環境保育的關鍵議題，尤其是1962年，由於《寂靜

的春天（Silent Spring）》一書的發表，使環境保育議題成為眾人關心的焦點。

　　由於生態保育屬於生態學的重要議題，要做好生態保育，除必須了解目前的自然環境所發生的問題，才能對症下藥之外，應該還需具備生態學研究的基本概念。因此，首先提出簡單扼要的生態學說明。

　　生態學（Ecology）是一門研究地球上同種生物種類自身以及相異物種彼此之間，因生存所需而導致的各項自然資源競爭所發生的競合關係以及所有生物與其棲身的無生命自然環境之間的相互作用、影響的科學。例如，探討為何某些植物或動物種類僅會在特定的棲息地（Habitat）生存，像是觀察、分析存活在臺東紅葉村自然保護區內的臺灣蘇鐵林的各種自然生存決定因子。又或是進行僅分布在澳洲東部低海拔區域、尤加利樹林中的無尾熊群落生活調查研究。而隨著分析科技的進步，例如碳-14計年法（C^{14} Dating）的出現，考古學家的化石挖掘、高齡樹木的年輪分析等，也提供、反應了部分的生態歷史。也就是說，生態學是嘗試說明現存或曾經存在地球上的物種之間以及物種與環境之間錯綜複雜的競合關係，生態體系可以小至一塊腐爛的木頭，大至整個地球。

　　在生態學的領域中，依照自然生態體系的生物以及非生物組成、推動生態體系運轉的能量分布等，可以作如下的分類：

㈠ 生物的組織層次（Organization of Life）

　　大體而言，由簡單而複雜，生物的基本活動單位可以分為下列四種層級：

1. 種（Species）：

　　地球上所有具不同外觀或相異內部遺傳組成的生命有機體（Organism），稱為一個獨立生物種，簡稱為種。在自然環境

下，被稱為獨立生物種的生命體必須能夠，而且只會與同一族群內的其他相同生命體相互交配（Interbreeding）來繁衍後代。例如，馬和驢雖外表類似，但是在野生狀態下，仍屬各自活動，是可以自行繁衍後代的兩個獨立種。儘管在人為操縱下，馬（*Equus caballus*，64條染色體）和驢（*Equus asinus*，62條染色體）可以相互交配而生出騾，但是騾卻無法自行獨立繁殖後代，所以就生物學觀點而言，騾無法算是「獨立生物種」的動物。

2. 族群（Population）：

在特定時空環境下，某一獨立生物種的所有個體（Individual）的集合體，不論是植物或動物，稱為一個族群。例如，目前存在苗栗三義火炎山保護區的馬尾松純林，或是存在中國陝西南部的佛坪自然保護區內的熊貓群體，這兩種生物在其各自的獨特生長區域中的所有同種個體的集合，都被稱為是生態學中的一個族群。但生物族群內的所有同種個體其內外組成並非都是完全相同的（Identical），也就是說，號稱同種的許多個體之間，或多或少都會有內部遺傳組成上的差異（Genetic Variation）。至於不同的族群之間，可想而知，必然具有更大的組成差異。

3. 群落（Community）：

指在特定的時空內，所有不同族群生物的集合體，也就是指居住在一個區域內所有的植物、動物以及其他的生物種類。在這個生態的結構層次，包含了相同物種（species）之中以及不同物種間彼此的相互作用（Interaction）關係，也就是各物種在追求生存的過程中對各項共有的自然環境資源所形成的競爭（Competition）或合作（Cooperation）關係，例如，水源、食物以及居住、躲

藏、活動的空間等的爭奪以及不同物種之間的共生或捕食情節。此類的物種生存競爭行為會造成部分個別生物個體的死亡，然而，就物種的族群組成而言，適度地發生部分個體的死亡，正是汰弱留強的一種自然淘汰（Natural Selection），對整體族群的發展具有一定的正面意義。

此外，物種雜異度（Diversity）也是這個生態層次必須顧及的重要組成因子。一般而言，物種雜異度越高的群落，其生態結構越趨複雜也具有較高的群落穩定性，此結論可由觀察自然群落中，存在於不同族群間的食物鏈（Food Chain）所形成的縱橫交叉的食物網（Food Web）結構而得到。群落中食物網的結構越是錯綜複雜（Interconnected），代表其中的生物種類越多，則群落的抗變性（包括生物因子與非生物因子）就越強。例如，食物網中的甲物種因故消失，只要物種雜異度夠高，則食物鏈中原本以甲為食物來源的物種會有較多其他的因應選擇（Option），從而可以順利找到可替代食物的種類，終至回復整體群落的穩定性，不會因為少數物種的問題造成群落食物網的惡性連鎖反應而導致整個群落瓦解。

4. 生態系（Ecosystem）：

指的是具有生命的上述多種生物群落（Biological Community），在無生命的自然環境（Abiotic Environment）中，源自彼此長期互動適應所演化形成的一種具有動態式（Dynamic）平衡的獨特大自然運作單位（Unit）。此種有生命和無生命的組成自然會受到許多相關環境因子的影響，這些因素包括光度、溫度、濕度、養分、火災、洪水、地震、物種密度等。

　　任何重大的天災地變都足以改變或破壞生態系的整體結構及其內部組成，需要相當的時間以達成可恢復式變動生態系的新平衡。不過，如果外來因子對生態系的衝擊（Impact）過於劇烈，也可能造成生態系永久性的破壞而無法復原，例如人類的大肆開發已導致一半以上的天然熱帶雨林（Tropical Forest）以及大部分的溫帶森林消失無蹤，即使人類可以在原地造林，也不可能完全恢復其原本經由長期演化所蘊藏的生物種類多樣性以及其涵養其中的土壤養分等組成。此外，地震、洪水、海嘯、火山爆發等劇烈的天災地變也足以產生地貌的永久改變，對當地的生態體系形成長遠的變革。

㈡ 生態體系中能量的傳遞

　　地球上錯綜複雜的生態體系之所以能夠持續運轉，乃因有源源不斷的外來能量輸入其中所致。而地球上所有的能量（Energy）來源，追根究柢都來自太陽的氫融合作用所釋出的幅射能，主要透過地球上可以進行光合作用（Photosynthesis）的生物，將部分（大約只有1%）太陽幅射光能轉合成化學能形式的醣類（Carbohydrate）有機化合物，從而進入地球生態系中的能量傳遞過程，也就是所謂的食物鏈或食物網。

　　要注意的是，在能量傳遞的過程中，能量會不斷地以熱能（Heat）的形式散失，以紅外線（Infrared Radiation）的方式反射回歸外太空（Space），因此，能量是不會一直在生態系中食物鏈循環而不息的！否則就不需要新的日光能了。

　　對生物而言，食物就是能量的來源，而依照能量（食物）取得的方式，生態系中的生物種類可劃分為：

1. 生產者（Producer）：

　　主要是指具有葉綠素（Chlorophyll）或其它光合色素（Pigment）

因而可以進行光合作用的生物，主要包括植物（藻類是主
角）、部分細菌（尤其是藍綠菌），因為此類物種可以藉由光
合作用自給自足地合成自己所需的食物，所以又被稱為自營者
（Autotroph）。

2. 消費者（Consumer）：

泛指無法自行製造食物，而必須依賴其他物種作為能量（食物）
來源的生物種類，而因為此類物種無法自行合成自己的食物，必
須依賴其他物種作為能量（食物）來源，所以又被稱為異營者
（Heterotroph）。

按照食物的來源，消費者生物又可被分為下列的營養層次（Trophic
Level）：

1. 草食者（Herbivore）：

凡是直接以生產者（植物）為能量來源的消費者，而且事實上不
限於草本植物，又被稱為初級消費者，例如牛、馬、羊、熊貓等
動物。

2. 肉食者（Carnivores）：

以動物為直接能量來源，間接得到生產者的能量，又被稱為次級
消費者。例如虎、豹、獅等典型的肉食性動物。

3. 雜食者（Omnivores）：

可彈性地以植物或動物作為能量來源，又稱為全級消費者，例如
熊或人類。

4. 腐食者（Detritivores）：

以植物、動物的屍體，或自然環境中的有機廢物等零碎腐爛的有
機質為能量來源，又被稱為分解者，例如細菌、真菌、藻類、昆

蟲、白蟻、蚯蚓等。

分解者又被稱為是大自然的清道夫，這是在生態體系的能量傳遞過程中，物質循環（特別是無機養分，例如磷、鉀、鈣等元素）不可或缺的重要生物成員。唯有仰賴這群幾乎無所不在的分解者，不斷地將積存在動、植物等大型有機生物種內的各項複雜大分子化合物還原成元素狀態的簡單小分子，將之釋放回土壤、水域等自然界，提供後續的生物繼續使用，地球生態系才有可能生生不息，永續發展。堆肥製作就是利用分解者作用的實際例子。

㈢ 地球生態體系中的各種生物圈（Biome）

1. 水域生物圈（Aquatic）：

地球上最大及最重要的生物圈，也是地球上所有生物圈的串聯者，因為水域（包括海水及淡水）覆蓋了地球四分之三的表面積，同時水分子更是所有生物生存所必須的要素。此外，水域也是科學家公認的地球上所有生命的發源地。水域中的浮游生物（Plankton）包括植物類和動物類，更是生態系食物鏈的重要起點。

依照水中鹽分的含量差異，水域又可進一步分為：

⑴ 淡水生物圈（Freshwater Biome）：

通常是指水中的鹽分含量低於0.5%的水域，淡水生物圈也是提供生物飲水以及農業灌溉所需的水源。此生物圈包括池塘、湖泊、溪流、河川、濕地等領域。

其中，濕地（Wetland）是指介於陸地與水域之間的過度陸地區域，經常或週期性地被水所淹沒，特色是土壤中的含水量很高，終年潮濕泥濘，具有調節洪水與附近區域地下水含量、淨

化水質、穩定海岸線等功能。但是部分地區因為定時受到潮汐的影響，會含有較高的鹽分，因此不完全是淡水的生態區。而由於具有豐富的有機養分沉澱累積，通常會有許多生物種類在此區域出沒，例如兩棲類、爬蟲類、鳥類、蝦蟹、貝類、雜草、灌木等。因此，濕地也是地球上所有生態系中具有高度生產力以及最高物種雜異度（Species Diversity）的生態生育地。

(2) 海水生物圈（Marine Biome）：

這是一個含有鹽度約3.5%的水域，占地球表面積的70%，包括海洋（Ocean）、珊瑚礁（Coral Reef）、河口區（Estuary）等。其中海洋是所有生態系中面積最大的生態生育地，雖然它所孕育的生物種類總數仍然少於陸地，但是它孕育了地球上最大的動物（鯨魚）和最小的植物（藻類），其中為數眾多的藻類不但透過光合作用提供了大量地球上生物所需的氧氣，同時也消耗了許多大氣中的二氧化碳，對促進全球暖化的溫室效應（Greenhouse Effect）控制，擁有一定程度的貢獻。

此外，由於水分子的極佳吸熱與放熱的特性，龐大面積的海洋具有調節地球氣候的重要功能。河口區是指陸地上的河川下游入海口與海水相接觸所形成的特殊淡、海水混合區，由於鹽分濃度介於淡水、海水之間，在生態學上被稱為半鹽生（Brackish），具高含量的有機養分以及高度物種雜異度，是屬於海岸濕地的生態生育地。例如，臺灣北部淡水河入海口關渡紅樹林沼澤區除了水筆仔紅樹林外，還可以見到雁鴨、鷺鷥，招潮蟹、彈塗魚、蘆葦等多種動、植物。更重要的是，透過蒸發作用（Evaporation），海水成為提供陸地雨水（淡水）

的主要來源。

2. 沙漠生物圈（Desert）：

這是指水分稀少，平均年雨量低於500公釐的生態生育地，大約占地球表面積的五分之一。大多數的沙漠位於地球上的低緯度（0°-30°）地區，例如，北非的沙哈拉沙漠（Sahara）、美國西南部、墨西哥及澳洲的沙漠區。各個沙漠生物圈雖然大同小異，但因地理分布的不同，各區的平均溫度及溫差範圍差異頗大，導致各沙漠區仍有其獨特的植物相（Flora）（植物種類）與動物相（Fauna）（動物種類）。

3. 森林生物圈（Forest）：

在森林演化的過程中，首先出現的森林型態是巨型古木賊、古石松、高大的蕨類，接著是裸子植物，目前占地球上植物種類約半數的被子植物又稱為開花植物，則最後出現。而昆蟲、鳥類、哺乳動物等現存地球上重要的動物種類，也隨著被子植物在同一時期開始出現，散布於全世界。

目前森林大約占地球陸地總面積的三分之一，世界上現存森林型態大致可以分為下列三大類：

⑴ 熱帶森林（Tropical Forest）：

特徵是具有極大的物種雜異度，每平方公里內往往包含100種以上的植物種類，全年平均溫度20°- 25°C，沒有冬季，年雨量可超過2000公釐，熱帶雨林為典型代表。位於南、北緯23.5°之間，也就是赤道（Equator）附近，常見的代表植物種類有棕櫚（Palm）、蘭花（Orchid）、藤條（Rattan）、橡膠樹（Gum Tree）等。

⑵ 溫帶森林（Temperate Forest）：

　　具有季節性，溫差範圍極大，大約零下30°到30°C，主要位於北半球的北美洲、亞洲東北部以及歐洲的中部。樹種多屬落葉性的闊葉林，例如橡樹、楓樹、榆樹、柳樹。由於氣候適中，溫帶是地球人口分布最多的地區，在土地空間、糧食的需求下，溫帶森林被普遍地開發、破壞的結果，三分之二的天然溫帶森林已經消失，目前地球上已經沒有大片完整的天然溫帶森林存在。

⑶ 寒帶森林（Boreal Forest）：

　　位於北緯50°-60°的低溫地帶，溫度極低，年降雪量在40-100公分，因為是位於北半球北方，「Boreal」原意為北方森林，是面積最大的陸地生物圈，包括西伯利亞（蘇聯）、斯堪地那維亞（北歐）、阿拉斯加（美國）、加拿大，其中西伯利亞就占了三分之二。主要的林木代表種類是松樹、杉樹、樅樹、柏樹等，由於這些樹木都是具有針葉狀的樹種，因此又被稱為針葉樹林地帶（Taiga）。

4. 草原生物圈（Grassland）：

　　這是一種廣大開放的自然平坦空間，極少叢林（Bush），樹木（Tree）僅零星出現在河川的附近，總面積約占地球的四分之一，通常位於森林與沙漠的生長帶之間。草原的土壤通常深厚而且肥沃，適合轉變為農業的使用，在不同的地區具有各自的名稱（如下所述）。

⑴ 熱帶草原（Tropical Grassland）：

　　位於赤道附近，又名熱帶大草原（Savanna），是指散布有零零

星星樹木或矮灌木的草原，例如非洲中部占地約非洲一半面積的五百萬平方英里大草原，還有澳洲、南美洲、印度等地。氣候的特徵是全年炎熱，沒有低溫的冬季，但是有明顯的乾季和雨季，全年的降雨集中在6–8月之中，而且乾季時因為長期天乾物燥，往往會有雷電引發火災。

(2) 溫帶草原（Temperate Grassland）：

不同於熱帶草原，在溫帶草原中幾乎沒有樹木或灌木的出現，季節溫度變化大，具有炎熱的夏季（接近40°C）和寒冷的冬季（可低至零下40°C）。

散布各地的溫帶草原有其各自的名稱與特色，例如，在南非稱為南非草原（Veldt），在南美洲的阿根廷和烏拉圭稱為彭巴斯草原（Pampas），在俄國稱為西伯利亞大草原（Steppe），是短矮的草種，在北美則稱為大草原（Prairie），是屬於高大的草種。但是由於溫帶草原地形平坦、開闊，沒有高大樹木的開發障礙，加上表層土壤深厚肥沃，因此是人類開闢農場、牧場的首選自然生育地，導致天然的溫帶草原現已所剩無幾。

5. 凍原生物圈（Tundra）：

這是自然生態體系中氣候最冷的生物圈，總面積約占地球的五分之一。凍原（Tundra）的原意是指沒有樹的平原，特徵是極低溫、土壤終年冰凍，稱為永久凍土（Permafrost），雨量少、土壤貧瘠、適合生物生長的季節很短。

地球上有兩種不同地理分布的凍原帶：

(1) 北極型凍原（Arctic Tundra）：

包括北極圈以及往南延伸至連接北方針葉林的區域，冬季平均

低溫達零下34°C，幸好夏季的平均溫度有3°-12°C，因此仍然可以維持許多生物的存在，這些物種包括許多低矮接近地面的矮灌木（Shrub）、苔蘚（Moss）、地錢（Liverwort）、禾草（Grass）、地衣（Lichen）等大約1,700種的植物以及北極兔（Arctic Hare）、北美馴鹿（Caribou）、北極熊、鮭魚、鱒魚、蚊、蠅、烏鴉、鷹、狐狸、狼等許多哺乳動物、魚類、昆蟲、鳥類。也因此，凍原生物圈雖然生活條件嚴酷，物質貧乏，但也並非不毛之地。

(2) 高山型凍原（Alpine Tundra）：

指位於世界各地的高山上，因海拔高度所形成的低溫，樹木無法生存的地帶。此地帶夜晚的低溫經常造成冰凍狀態，與北極凍原的低溫環境類似，也有著類似的植被型態，亦即低矮的樹木或灌木、叢生的禾草等。

(四) 物種在生態體系中的互動關係（Interaction）

生物基於現實的生存需要，除了相同種類之間的競爭之外，也會與其它物種有競爭或合作的場合，此種「兩種生物，由於實際的需要，彼此接觸或生活在一起所形成的生態性互動」情景，在生態學上稱為共生關係（Symbiosis）或簡稱共生。其中個體較小者稱為共生生物（Symbiont），個體較大者稱為寄主（Host）。

共生關係不外乎下列幾種情形：

1. 雙方得利；也就是互利共生（Mutualism）：

固氮細菌在豆科植物的根部共生所形成的根瘤（Nodule）以及真菌（Fungus）在高等維管束植物根部細胞間共生所形成的菌根（Mycorrhiza）現象，都是典型的互利共生關係。

2. 一方得利，一方無害；也就是單利共生（Commensalism）：
   例如生活在人類大腸中的細菌，僅以腸中部分食物為養料，通常不會對人體有害。又如附生在大樹上的蘭花或鐵蘭（Spanish Moss）等附生植物，主要只為尋求較好的位置爭取陽光，並不會自附生的對象吸取養分。

3. 一方得利，一方有害；大致又有兩種情況：

   (1) 捕食（Predation）：
       得利的一方稱為捕食者（Predator），被捕獲的一方稱為犧牲品（Prey），例如老鷹捕殺老鼠或捕蠅草的擒獲、消化昆蟲。

   (2) 寄生（Parasitism）：
       得利的一方稱為寄生物，有害的一方稱為寄主，寄生物會自寄主體內取得養分，並對寄主造成病變、傷害，甚至奪取寄主生命的不利後果。例如，白蟻在木質材料中生活所造成的結構破壞，病毒在動、植物體內的寄生，有可能會結束寄主的生命。

第三節

永續發展的理念

　　永續發展（Sustainability）的定義，目前最廣泛引用的說明來自於1987年聯合國世界環境與發展委員會（World Commission on Environment and Development）所發表布倫特蘭報告（Brundtland Report）：「既能滿足當代的需求，又不對後人滿足其需要的能力構成危害的發展模式」。

　　自從 1980代末開始，可持續發展就廣泛包括三個領域的發展，

缺一不可。這三個領域是：環境保護、經濟發展及社會公平（social
equity）。

以下是20世紀以來人類針對永續發展概念所曾經發生的重要事件：

1. 《寂靜的春天》（*Silent Spring*）（1962）：瑞秋卡森（Rachel Carson）女士的著作，結合生態學、毒理學、人類流行病學，認為農藥會傷害動物和人類健康。

2. 環境保衛基金會（Environmental Defense Fund）（1967）：以法律途徑防止環境傷害。

3. 合理使用生物圈的跨政府討論會（1968）：聯合國教育科學暨文化組織（UNESCO）所主辦的生態永續發展概念國際會議。

4. 地球之友會（Friends of Earth）（1969）：推動防止環境質變，維護生物多樣性，公民參與決策等事項。

5. 《國家環境政策法案》（*National Environmental Policy Act*）（1969）：美國成為第一個通過立法保護環境的國家。此法案也形成全世界評估環境衝擊的基本根據。

6. 地球日（Earth Day）（1970）：首次地球日的有關環境座談會。

7. 綠色和平（Greenpeace）組織（1971）：在加拿大成立。

8. 汙染者付費原則（Polluter Pays Principle）（1971）：歐盟經濟合作發展組織（OECD）首倡。

9. 瀕危物種法案（Endangered Species Act）：美國制定瀕危物種法案保護魚類、野生動物和植物。

10. 氟氯碳化合物（CFC）（1974）：Roland和Molina在自然（Nature）期刊發表氟氯碳化合物會破壞臭氧層。

11. 綠帶運動（Green Belt Movement）（1977）：在肯亞展開，利用

植樹防止沙漠化。

12. 三哩島核能廠意外（Three Mile Island）（1979）：發生於美國賓州，無人員傷亡。

13. 全球2000報告（Global 2000 Report）（1980）：首次揭露生物多樣性是地球生態系統正常運作的關鍵，物種滅絕會傷害生態系統的健全性。

14. 依索比亞大旱（Drought in Ethiopia）（1983）：估計（25-100）萬人餓死。

15. 世界氣象協會（World Meteorological Society）（1985）：大會提出二氧化碳和其他溫室氣體在大氣中累積，並預測了全球暖化。

16. 發現南極臭氧層破洞（Antarctic ozone hole）（1985）：由英、美科學家發現。

17. 車諾比核能廠意外（Chernobyl Nuclear Station Accident）（1986）：產生大量有毒幅射物質。

18. 我們的共同未來（Our Common Future）（1987）：將社會、經濟、文化概念結合環境議題，並提出可能的解答，導致「永續發展」這個名詞的普及化。

19. 《蒙特婁公約》（Montreal Protocol）（1987）：全名為《蒙特婁破壞臭氧層物質管制議定書》（Montreal Protocol on Substances that Deplete the Ozone Layer），是聯合國為了避免工業產品中的氟氯碳化物對地球臭氧層繼續造成惡化及損害，承續1985年保護臭氧層《維也納公約》的大原則，於1987年9月16日邀請所屬26個會員國在加拿大蒙特婁所簽署的環境保護公約。該公約自1989年1月1日起生效。

20. 阿拉斯加原油油輪漏油（Oil Spill）汙染（1989）：1989年3月24日，滿載原油的Exxon Valdez 油輪在阿拉斯加威廉王子海峽外海撞擊Bligh Reef海礁擱淺，漏出了一千一百萬加侖（42,000立方公尺）的原油，汙染了1,900公里的海岸線，此次漏油事件是有史以來最大的單一漏油事件。

21. 永續發展國際研究院（International Institute for Sustainable Development）（1990）：在加拿大成立，開始出版地球協商公告（Earth Negotiation Bulletin），公開有關環境和發展的國際協商內容。

22. 加拿大東岸鱈魚漁業崩盤（The Canadian East Coast Cod Fishery Collapses）（1991）：具有繁殖能力的成魚（Spawning Mass）產量銳減，剩下不到1%。

23. 地球高峰會（Earth Summit）（1992）：聯合國教育科學暨文化組織（UNEC）在巴西里約熱內盧（Rio de Janeiro）召開環境與發展討論會，達成的協議包括環境與發展宣言——21世紀議程（Agenda 21）、生物多樣性協定，氣候變遷和森林管理原則架構等。

24. 永續發展會議（1993）：聯合國永續發展委員會召開首次會議，敦促各國政府和公眾依照聯合國環境與發展會議採取積極措施，協調合作，防治環境汙染和生態惡化，為保護人類生存環境而共同做出努力。

25. 《中國21世紀議程》白皮書（China's Agenda 21）（1994）：內容包括中國的人口、環境與發展，建立了有關永續發展的國際典範。

26. Ken Saro-Wiwa處決事件（1995）：奈及利亞處決因環保問題而反政府的Ken Saro-Wiwa，引起國際對人權、環保正義、經濟發展之聯結產生重視。

27. 世界貿易組織（World Trade Organization）（1995）：WTO成立，重視國際貿易、環境與發展。

28. 社會發展世界高峰會（World Summit for Social Development）（1995）：在丹麥哥本哈根舉行，國際社會首次明確共同承諾要設法去除絕對貧窮（Absolute Poverty）。

29. 世界女權討論會（World Conference on Woman）（1995）：在中國北京舉行第四屆世界女權討論會，認知女權已有進步，但仍有許多障礙存在。

30. 國際標準組織（ISO）（1996）：ISO 14001建立成為環境管理系統的國際合作志願性標準。

31. 亞洲生態和金融風暴（Asian Ecological and Financial Chaos）（1997）：聖嬰現象引起旱災導致地區大火形成煙霧壟罩，造成30億美元損失。同時金融市場崩盤，貨幣價值引起懷疑，呼籲政府經濟改造。

32. 基因改造生物爭議（Genetically Modified Organisms, GMO）（1998）：引起全球質疑基改生物對環境和人類安全的質疑，歐盟一度禁止北美基改作物農產品輸入。

33. 反常嚴峻氣候（Unusually Severe Weather）（1998）：中國遭遇數十年來最顏嚴重水災；巴格達有三分之二土地因雨季（Moonson）泡水數月之久；中美洲也因颶風（Hurricane）導致54個國家水災，同時有45國家旱災。此外，全球氣溫創下有史以

來新高。

34. 道瓊永續發展指數（Dow Jones Sustainability Indexes）（1999）：
作為投資人針對永續發展相關企業的投資指標。

35. 聯合國千禧年發展目標（UN Millennium Development Goal）
（2000）：有史以來全球最多領導人聚會同意，以2015為期限，
共同致力對抗改善貧窮、飢餓、疾病、文盲、環境質降、歧視女
性。

36. 紅色疣猴絕種（Red Colobus Monkeys）（2000）：與人類在生物
分類學上同屬於靈長目（Primate Order），根據國際自然保育聯盟
（IUCN, International Union for Conservation of Nature）的紅色名
單估計，大約有五分之一哺乳類動物有絕種的危機。

37. 中國加入WTO（2001）：加速國際經濟結構的改變，使中國、印
度、巴西成為全球經濟的新力軍。

38. 永續發展世界高峰會（2002）：在歷經缺乏政府的具體支持下，
此次會議提倡以合作取代談判的永續發展推展方式。

39. 首位環境學家獲得諾貝爾和平獎（2004）：肯亞的Wangari Muta
Maathai，也是綠帶運動（Green Belt Movement）的創始人。

40. 愛滋病在撒哈拉沙漠區域流傳（2004）：僅僅2004年有兩百五十
萬人死亡，有三百萬人感染；此區域人口只占全球10%，但是占
全球愛滋病患60%。

41. 《東京議定書》（Kyoto Protocol）（2005）：約束已開發國家共
同限制並減少溫室氣體，特別是二氧化碳的排放量。

42. 千禧年生態系統評估報告（Millennium Ecosystem Assessment）
（2005）：集結全球95個國家1300位科學家評估因人類所導致的

生態系統變異。

43. 臭氧層回復報導（2006）：美國太空總署（NASA）公布，在禁用CFCs等含氯冷凍劑化合物的措施下，南極臭氧層破洞已消失。

44. 氣候變遷受到重視（2007）：美國前副總統高爾（Al Gore）的影片《不願面對的真相》（An Inconvenient Truth）除得到奧斯卡金像獎（Academy Award）之外，並與聯合國「政府間氣候變遷委員會（The Intergovernmental Panel on Climate Change（IPCC）」共享諾貝爾和平獎。

45. 更多生態系統衝擊浮現（2007）：除了已預估的海洋漁產可能在50年以後消失之外，科學家認為鯊魚和蜜蜂也面臨生存危機。

46. 全球糧食、燃料、金融危機同時浮現（2008）：全球食物物價在一年中上漲43%；中國和印度對原油的需求導致原油價格狂飆；美國金融機構債信危機，造成全球金融市場崩盤，面臨金融衰退。

47. 全球人口都市化（2008）：人類史上首次有50%的人口定居於城鎮之中。

48. 天災頻傳（2009）：北冰洋的冰山持續消失；澳洲自2003年即發生的乾旱導致有史以來最嚴重的野火大火災。

49. 全球通訊緊密連結（2009）：全球超過60%的人有手機，25%的人有網路連線。

50. 哥本哈根氣候變遷討論會（2009）：美國和中國是廢氣排放的主角，但是二者皆非東京議定書簽署國家，所以此次會議無具體共識結果。

最後，以下是我們日常生活中發揮永續發展概念可以實際做到的

行為：

1. 超過一小時不使用時，關閉電腦。

2. 使用大眾交通工具或是腳踏車。

3. 使用冷暖氣機時，善用恆溫控制裝置。

4. 隨手關燈和小家電，不要用耗電的鹵素燈。

5. 減少肉類食用量。

6. 購買當地出產的食材。

7. 節約使用熱水。

8. 節約洗衣機清潔劑和用水量。

9. 注意冰箱的溫度應該設定於3-5℃，並定期去霜。

10. 駕駛低耗油的車種。

11. 減少不必要的消費行為。

12. 支持環保的商業機構。

第五章

人天信仰

第一節

宗教與身心安頓

1

一、由天道觀談起

你是否曾經仰望穹蒼，看見天下之大與美，感受到一個人身處無際的宇宙中，不時受到天地間自然變化的影響，於是開始思考渺小個人身處其中的位置與意義，究竟人與這個有形世界有著什麼樣的關係呢？華人的文化講到「人」常離不開「天」。你如何看待人－天關係呢？

由《周易》這古老的文獻可以看到中國人天人合一思想的源頭：「夫大人者，與天地合其德，與日月合其明，與四時合其序，與鬼神合其吉凶。」（《易傳‧文言傳》）天地之德就是：「天行，健。君子以自強不息。地勢，坤。君子以厚德載物」（《易傳‧大象傳》）。人與自然和諧相處，甚至人要師法天地日月四時而與天相合的這種想法，影響著儒家，也影響著道家。

《老子道德經》：「人法地，地法天，天法道，道法自然」，這個為人所法之天，是個天長地久，以其不自生故能長生的天（《道德經》第七章）。在第七十三章「天之道，不爭而善勝，不言而善應，不召而自來」所呈現的天的自然性，正是道家為無為，事無事，而無所不為，無事不作的精神，所以說「天之道，利而不害；聖人之道，為而不爭。」（《道德經》第八十一章）。這樣道家的天，體現在道教的周天修煉裡，也可以看到人體元氣運行的筋絡規律，也是來自師法天體運行所得到的啟發。

由於董仲舒的建議，漢朝「罷黜百家，獨尊儒術」，儒家是重視人而輕鬼神的態度，例如「未能事人，焉能事鬼」（《論語‧先進篇》），或

者「子不語怪力亂神」（《論語・述而篇》）。然而董仲舒卻大談天人感應，認為君王承天命行王道，施行善政則風調雨順，若天有異相則為上天示警的天譴，災難的發生代表國家失道，於是君王需下詔罪己。天人相應的學說加上陰陽讖緯的影響，造就了禁忌與迷信的風氣，王充在這樣的時代背景，便大力的反對鬼神之說。他主張人為精氣而生，死則氣滅形朽。「凡天地之間有鬼，非人死精神為之也，皆思念存想知所致也。……人病則憂懼，憂懼則鬼出」（《論衡・訂鬼篇》）。

此外，關於人–天關係還有另一個角度，在《逸周書》的〈文傳〉裡提到：「兵強勝人，人強勝天。」意思是說兵器強大則能戰勝敵人，若行忠信累積的德惠廣，也能戰勝天命（推翻商朝）。《史記・伍子胥》傳中，申包胥講「人眾者勝天，天定亦能破人」，算是「人定勝天，天定勝人」之說的起源，其中的「定」字源於大學「定靜安慮得」之涵義。這樣的概念演變到近代，卻常被解釋為人類必定能戰勝環境。梁啟超曾說：「物極必反，人定勝天，怯大敵者非丈夫，造時勢者為俊傑。」中橫的鬼斧神工、荷蘭的與天爭地，或者其他種種器世間的偉大工程，常被視為人類征服自然的偉大跡證，花蓮豐濱馬祖南竿或者西引島，亦皆可見人定勝天碑。

因此，在人–天關係中，「天」不但是自然之天，也像是更高的支配、賞罰人類的「天」。在我們的日常生活中，可以看見這樣人–天關係的形容，例如，「老天有眼」、「天網恢恢，疏而不漏」、「謀事在人，成事在天」、「盡人事，聽天命」，甚至「拜天公」的習俗裡，「天」是具有意志的人格神，人心需合天意而為。除天人合一是影響中國最深的的天道觀外，另有人定勝天的哲學觀，在這種人定勝天的想法背後，是人–天對立的態度，強調的是捨我其誰的企圖，是由臣屬到征服的勇氣。

　　以上的說明，希望能鼓勵讀者們思考人與天的關係：你所理解的天是自然之天？還是人格天？想想你與這有形無形的「天」的關係，你的立場會是如何呢？是相合？相勝？抑或有其他深刻的主張？

二、科學、哲學與宗教

　　與上述人一天關係相關聯的主題是：這個世界有鬼神存在嗎？你相信靈魂不朽嗎？如果你相信這個世界有神或上帝的存在，那麼這是一位至高無上的神？還是有許多位神祇共存？這樣的神又是以什麼樣的方式存在著的呢？你對這些問題的看法將形塑你的宗教觀。在討論宗教的元素之前，不妨稍加檢視你看待宗教的態度與你對於宗教的立場。科學、哲學與宗教各有其思考形上問題的出發點，以下就先由科學、哲學與宗教之別談起。

　　首先，科學教我們以客觀的方法、價值中立的立場，來研究、了解我們所身處的這個可以被觀察、經驗，以及可以被度量的物質世界。科學知識的累積有賴邏輯推理、量測實驗與證據考驗，然而宗教知識卻碰觸到無限或永恆的時間與空間，靈性、道德與價值。孔恩（Thomas Kuhn，1922-1996）認為，科學知識往往由不同的典範理論（paradigm）帶領，例如牛頓力學與愛因斯坦的相對論即是兩個完全不同的典範，當舊的典範對於現象無能為力時，便會發展新的理論典範來處理，而不同的典範間是不可共量（incommensurable）的，換句話說，持不同典範的科學家有著不同的觀察經驗，沒有更高的權威來裁量其對錯。這個說法暗示了我們對這個世界的知識掌握的相對性，即使科學對於自然的種種研究在在顯示人的渺小與有限，科學所強調的理智與其對經驗、證據的重視，卻對於證明宗教知識的可靠與權威，有著力有未逮之憾。科學所相信的技術證明不了上帝的存在，所以這項在科學領域中無法完成的任務，只得轉而向哲學尋

求協助。

　　西方中世紀哲學被稱為「神學的奴婢」，尤其有多位哲學家窮畢生之力提出了關於上帝存在的論證，例如安瑟倫（St. Anselm，1033-1109）和阿奎那（Thomas Aquinas，1225-1274）。有名的宇宙論證（cosmological argument）以傳統古老的線性因果觀點為基礎，主張任何我們經驗到的運動的東西，必定有造成它運動的原因，追本溯源必須有那個本身沒有原因卻可以成為其他物運動原因的第一因，上帝既是那推動世界的「不動的動者」，也是這個世界最初的動力因。另外，本體論證（ontological argument）也很有趣，本體論證所定義的上帝是：沒有能夠想像比它更完美或更偉大的存在者。如果這位我們能夠想像的最完美或最偉大的存在者，只存在我們的意識或想像中而非真實存在，那麼它就不會是最完美或最偉大的存在了。換句話說，實際的存在比想像中的存在更完美更偉大，所以它必然存在於思想與真實，因此上帝存在。與上帝存在有關的論證當然還有不少，上述二論證也當然引發更多關於上帝或上帝存在的有意義的討論，不過這當中都呈現出人類智識思辨的努力，企圖在面對神聖宗教時依然維持理性的思考與反省。

　　但是從宗教的角度而言卻是完全不同的態度，皈依也好，受洗也好，進了宗教之門往往也就被期待要全盤接受該宗教的教義，沒有置喙的餘地。神鬼的存在與靈魂不滅本是宗教領域不可置疑的真理，不證而自明。想想看，當我們在教堂裡敬拜上帝或隨著媽祖繞境鑽轎底的同時，其實也就相信了上帝與媽祖的神聖存在，否則豈不是自陷於幼稚的行徑呢？處女生子等神蹟或肉身成道等神話，對信徒而言是真確的啟示，經典中的誡命律儀或法門，也都被視為永恆絕對的真理。人在宗教中承認自己的卑微無知，神明或上帝具有的知識、能力或權力遠遠在人之上，宗教建構了對來

世的盼望與救贖的可能，例如基督教的天堂或佛教的西方極樂世界，世人
於是俯首稱子。

三、幾個不同的宗教立場

　　以上粗略的敘述呈現出科學與宗教之間的鴻溝，兩者間的論戰當然各
有所本。由純粹物質世界、沒有鬼神存在，到禮敬超自然界、膜拜神靈上
帝之間，可以進一步區分人們面對宗教的不同立場。大致上說，除了敬拜
人格神的一神論（monotheism）與多神論（polytheism）外，還有泛神論
（pantheism）、無神論（atheism），與不可知論（a gnosticism）。

　　一神論與多神論較容易理解，前者可以是認為有一位至高的天神，其
他的神明都是聽命服從的下屬，例如希臘的宙斯；也可能是只相信一位至
高神存在，否認其他的神存在，或視之為魔鬼，例如基督教、猶太教、伊
斯蘭教。多神論是在許多早期歷史可以見到的宗教型態，例如印度教、道
教。即使禮拜的只有一神，但卻是相信有多神的存在，這些神明中可能有
位階與能力之高低差別，也可能為數眾多、各有名號，卻不相隸屬。

　　與多神論相似的是泛神論，但泛神論、不可知論，與無神論三者間也
有某種程度的相仿與混淆。不可知論者沒有無神論者的武斷，對於神明或
上帝的人格化存在也未必能夠接受，他們認為關於上帝是否存在或者是否
有永生等形而上的問題，世人是無法得到答案的，人們既無理由肯定與相
信，也沒有足夠的證據能夠反駁。泛神論則視這個自然界與神明等同，神
／上帝就在這自然界當中，所以草木有神、山川有神、日月星辰有神，不
同的神明其實是同一個主神的不同展現。史賓諾沙（Baruch de Spinoza，
1632-1677）可以算是一位泛神論者，他認為的上帝是唯一的實體，上帝
也就是這個宇宙，包括了物質界與精神界而與宇宙合一；人是沒有自由

意志的，因為上帝是萬物的內在原因，人類的智識不過是上帝智慧的一小部分，但上帝既不是超自然的有意志的神，也不是人格神。愛因斯坦（Albert Einstein，1879-1955）這位偉大的科學家就曾經說自己的觀點接近史賓諾沙的主張，同樣信仰著張顯在和諧宇宙中的上帝。愛因斯坦曾以進到圖書館的小孩來比喻，上帝就像是圖書館中各樣的書籍作者及其排列方式，小孩只能隱約的感受到當中有著神祕的規則，至於是什麼規則就不得而知。雖然他曾說「科學沒有信仰是瘸子」，因而被視為虔誠的信徒，但他卻明確的反對人格化的上帝，而自認為是不可知論者。

無神論對宗教的批判是最不遺餘力且力道最強的，無神論者否定神的存在與靈魂不朽之說，認為神鬼的說法或者神祕的宗教經驗，都是迷信的無稽之談，不僅上帝是幻象，宗教也是虛假的。中世紀之後，人文主義強調人性貶抑神性，理性主義與唯物主義對於宗教有了更多爭戰，例如費爾巴哈（1804-1872）就否定上帝造人的說法，認為是世人按照自己的形象創造了上帝，上帝是人內在本性的向外投射罷了。馬克思（Karl Marx，1818-1883）對宗教也有獨特的見解，他認為宗教是人們對於幸福的幻想：「宗教是被壓迫生靈的嘆息，是無情世界的感情，……宗教是人民的鴉片。」羅素（Bertrand Russell，1872-1970）雖然表示過他不知道上帝是否存在的不可知論的立場，但他斥責宗教為人類「由於恐懼而產生的病症，是人類災難深重的淵源」，則更加被視為是一名無神論者。

四、由宗教元素談身心安頓

在2009年中研院的調查顯示，國人信仰宗教的原因，除了跟著父母信之外，主要因素有：尋求平安、尋求精神寄託、趨吉避凶、修身養性、尋求安慰、減少煩惱，以及了解生命意義。宗教在歷史上始終被認為有助

於靈性提升，並且為解決眼前的身心痛苦，提供了重要的方向與去處。如果我們越了解宗教，即使是無神論者，也將越有可能從宗教經驗中提取身心安頓的方法，來面對生命的有限、無常與無奈！

宗教作為人們崇敬的信仰，通常包含了三個層面：教義、教儀，與教團。以下分別說明：

1. 教義：宗教的信條、教條或根本義理也是宗教最重要的元素。是對於神或上帝的思想觀念與理論系統，提供了該宗教對於這超自然宇宙的說明、關於神／上帝與靈魂的觀點，以及關於人們在這世界中如何生活、思考與行為的道德價值。教義呈現出宗教的基本意識形態，其制定來自宗教中的權威，內容可能因為時間的推移而累積得更加豐富，但也可能因為詮釋理解上的分歧而造成教團的分裂。

2. 教儀：敬拜、祭獻神明／上帝的儀式或禁忌、規範也是與神明或上帝連結的方式。教儀包括律法或規則，連結到祭祀、祝禱、懺悔、修行，並依循特定的程序或禮儀，往往透過宗教中的權威進行。教儀可說是對於教義的理解或實踐，也反映出教團對於教義的詮釋及理解。

3. 教團：教團是宗教的社會組織、制度與團體系統，包括比例上少數的神職或教職人員與廣大的信徒，例如基督教的教會、佛教的僧團。出世或神聖的宗教的信仰藉著教團在世俗或世間的發展，具體地進行與傳承各類教儀，而使得教義的流傳更加深遠，從而擴大了宗教的影響性。

宗教雖然為世人打造了神聖的天國，但也不忘指示人們一條由俗世通往神或上帝懷抱的解脫道路。宗教教義往往提供了一套道德規範與行為

準則，使世人在這俗世間思考行動時有所依歸，例如，佛教教人要發菩提心，修慈悲、柔和與忍辱；基督教教人要愛鄰舍如愛自己。這些誡命或律儀所重視的博愛正直、讚美感謝、施捨利他……，對信徒而言，具有提醒與鼓勵的作用，協助他們在遇到衝突時，可以有方法走過困境；在日常的言語行為上，保持節制與穩定；在個人的生活中，具備寬大誠懇的心胸。然而，究竟是因為這些教誨本身傳達了良善美好的特質，於是被納入宗教？還是因為這些教條既在宗教中被揭示強調，所以才變得有價值？也就是說，人們對於宗教教條的道德實踐，是因為上帝或神佛賞善罰惡呢？還是因為人們心中有著追求善良與正義的本質？在道德上的修持與自律是為了得到進入天堂或極樂世界的門票？還是來自尊重自己與他人的心安理得？當實踐這些道德或價值的理由，既不是被地獄的恐怖所威脅，也不是作為贏得神明或上帝歡喜的工具，而是經過理性深思熟慮檢驗，那麼來自良心的要求與人本精神的自律，也就為平日的言行舉止帶來憑依的信心，成為身體力行的勇氣。

　　此外，面對困境窮途時，期待平靜心情的需求往往格外強烈。每個人多少都曾經歷過與朋友爭吵時的憤怒、被冷嘲熱諷時的孤單、寵物或親人過世時的悲傷、或者失意潦倒時的挫折……，宗教在人們心智軟弱的時候提供的靈性照拂，不論是透過對神職人員的告解訴說，或者是對著神像的喃喃自語，讓人們覺得像是回到母親身邊的孩子，終於被聽到、看到與照顧到。特別是宗教中女性化的神祇，例如聖母瑪利亞或觀世音菩薩，更常常是人們尋求撫慰的對象。人們也會配戴宗教的象徵物，例如十字架、念珠等，彷彿因此與上帝或神明有了連結，藉以保有心靈的平安、喜樂與盼望。宗教在這些情境中，反映出人們內在深層的情緒與需求，就算是不同意宗教為人們所設定的人生目標，這樣的宗教情感也仍然提醒我們：即

使是個身心成熟的大人，面對生命中的試煉，內心深處仍然不免有個脆弱敏感的內在小孩，並且這樣的軟弱與渴求安慰，需要的是包容、接納與支持，而不是責備與羞辱。宗教提供的靈修方法，例如靜默與祈禱，未必僅限於神聖的殿堂或道場使用，事實上也已經在這俗世間推展開來，成為每個人都不妨學習的覺察、放鬆與自我暗示技巧。如果我們能夠在無助、害怕或焦慮時，在每個喜怒哀樂的當下，既不放縱也不逃避的靜下來，願意花些心思和自己相處，便可以回到思慮清楚與身心安定的寧靜平和狀態。

宗教儀式小自每日餐前祈禱、沐浴淨身，大到出生、成年或結婚喪葬的禮拜或法會，經常因為活動的重複性而對信徒產生制約力量，使人們在莊嚴神聖的流程中，感受到來自眾人及神明或上帝的祝福，或者在繁複儀式的表面下，可以讓懺悔哀傷與不捨得以宣洩。教團在儀式中扮演著重要的影響力，一者是教團凝聚眾人的參與，使祝福或祈禱的作用有集體加乘的效果，二來是教團藉著儀式的進行，明確而不厭其煩的傳達教義，並且提供信徒們相互支持及聯絡情感的社群網絡。寧靜、感恩與喜悅，或者其他心中想望的生命狀態，不論是否與宗教有關，都值得我們將之當作儀式般的，時時刻刻提醒自己以這樣的方式生活，讓它習慣成自然，日積月累的在生命中形成安頓身心的來源。當然，來自志同道合夥伴的相互切磋分享或支持，或前輩的指導鼓勵或肯定，也將幫助我們維持心靈狀態的和諧穩定。

不論相信哪個宗教立場或是哪個宗教，只要相信了，它就成為你的信仰，並且影響生命的樣貌。在此祝福所有的讀者，在了解並思考自己與天的關係，以及檢視自己面對宗教的立場後，皆能發展自己安頓身心的方法，並享受生命的自在與美好。

延伸閱讀

1. 艾倫‧狄波頓，《宗教的慰藉》，先覺出版社。

第二節

認識重要的宗教（上）

　　全球前三大信仰中，廣義的基督徒有19億6,599萬人，占世界人口的33.15%。穆斯林有11億7,933萬人，占世界人口的19.89%。印度教信徒7億6,742萬，占世界人口的12.94%。本文以下要介紹的，就是基督教、伊斯蘭教、與印度教。

壹、基督教（Christianity）

　　因為擁有共同的祖先亞伯拉罕，基督教與伊斯蘭教都是所謂的亞伯拉罕教。耶穌基督（Jesus Christ）為木匠之子，是基督宗教的神。

　　耶穌基督大約生於西元元年，出生在希律（Herod）王統治下的巴勒斯坦。他在拿撒勒（Nazareth）長大，受洗於約翰——一位宣告神即將來的先知。30歲耶穌開始傳道，他宣揚神的國已近，並宣稱自己是上帝的兒子，約在西元33年時，耶穌由耶利哥城前往耶路撒冷。

　　猶太教當權祭司與教士以30塊銀收買12門徒的猶大（Judas Iscariot），約定以親吻的方式指出耶穌，耶穌因而被逮，被控妄想自立為猶太王，最後，耶穌被釘死於十字架。耶穌死後葬於各各他附近的一個墓室，三天後耶穌復活回到加利利與眾門徒見面，並於40天後升天。基督教宣稱耶穌藉祂的死，救贖了世人所犯的罪。

　　耶穌代人釘死十字架，為人贖了罪，這是神救人的第一步。罪人接受耶穌作他的救主，聖靈就「重生」他，這是神救人的第二步。此時，人雖有聖靈的生命，卻尚未滿有聖靈——聖靈尚未做他的主人。此時，人尚有許多體與魂的私意和己見，只有接受聖靈、放下一切，人的生命才能徹底的改變。

　　信徒若要蒙神救贖，進入新耶路撒冷，她必須是基督的新婦，基督的配偶，他的身體必須是神的聖城、居所與帳幕，這就是屬天的耶路撒冷。完滿彰顯神，信徒必須經過許多河（關）：1.必須離開律法，進入恩典的河。2.必須離開舊約，進入新約的河。3.必須離開舊約的儀式，進入新約屬靈的河。4.必須離開猶太教，進入教會的河。5.必須離開屬地，進入屬天的河。6.必須離開祭壇所在的外院，進入神所在的至聖所。7.必須離開魂，進入靈。8.必須離開開端，進入真理和生命的成熟。因此，信徒無須停留在聖所（舊約），也就是魂裡，信徒必須進入至聖所（新約），也就是靈裡。

　　神完整的救恩，包括法理（法律）及生機的兩面，法理所做的只是手續，生機所做的才是目的。法理的救恩使人得赦免、洗淨、稱義，與神和好，在地位上成聖歸神；生機的救恩乃是藉著神生命完成人的被拯救，其程序包括1.重生：神分賜生命給信徒，使他們得重生而有分於神的生命。2.牧養：神生命的滋養，使初信者的神聖生命長大並生存。3.聖化：神的性情取代信徒天然、怪癖的個性。4.更新：重生一次就完成，但更新卻是信徒一生一直進行的過程。5.變化：神的生命使信徒性情變質、形像變形。6.建造：信徒透過神聖生命共同建造基督的身體。7.模成：信徒生命變化的完成，模成神長子（基督）的形像。8.榮化：神人二性的合併。

　　聖徒得著的屬靈產業不是片面、殘缺的，乃是承繼已往，包羅一

切、完全、平衡、符合時代、終極完成的產業。信徒都朝著一個方向，活出神人的生活。不為宗派的興衰而活，乃是要建造基督的身體，至終要與基督完全連結、調合，並合併為一座生命的城——「新耶路撒冷」。

信徒的生活，聚會很重要，聚會有「主日聚會」、「晨興聚會」、「禱告聚會」、「結婚聚會」、「安息聚會」；有祭司體系的「事奉聚會」，有為教會繁增的「福音聚會」；還有以性別區分的「弟兄聚會」、「姊妹聚會」，以年齡區分的「兒童聚會」、「青少年聚會」、「大專聚會」、「青職聚會」、「壯年聚會」、「老年聚會」；也有以地區大小分別的「小組（排）聚會」、「區聚會」、「大區聚會」、「一地的全教會鄉調」、「全臺同工長老聚會」、「全臺弟兄聚會」、「全臺姊妹聚會」，當然也有「全球特會」。

信徒的治理，奉獻很重要。奉獻分人與物，這是教會生存與繁增的力量。

貳、伊斯蘭教（Islam）

穆斯林對穆罕默德的欽佩、尊敬和愛慕之情，是一件令人印象深刻的歷史事實，當回教徒提到他的名字，就會獻上祝福。即便如此，穆斯林絕不會把他當成信仰的中心，穆斯林的聖經是《可蘭經》，它才是信仰的中心。穆罕默德神明附體時呼喊的話，被隨從記在骨頭、樹皮、樹葉、羊皮、紙片上，收集這些話就成了《可蘭經》，除每日祈禱的第一章，可蘭經還有一一四章，篇幅越簡短，章節越後面。

猶太教和基督教的《聖經》有兩個缺點，其一只記載部分真理，其二傳達過程中部分經文被有意、無意破壞了。《可蘭經》沒這種缺點，誕生以後就沒改過。《可蘭經》以阿拉伯語書寫，它的節奏、抑揚、韻腳擁有

強而有力的催眠效果，因此，《可蘭經》的力量不僅在文字上，也在腔調上。《可蘭經》中，神是以第一人稱說話，真主描述自己，並讓人明白祂的律法，因此穆斯林把每一個句子都當成神的啟示，親自體驗那些話語和腔調，是得神恩寵的方法。

《可蘭經》強調行為重於觀念，此種神示存於開頭的詩節中，並在每日五次祈禱中不斷被重複。這條路對信徒說些什麼？穆斯林侍奉神的原則，天道五功（Five Pillars）有清楚的說明。

一、信仰的告白

「除了唯一真神，沒有別的神，穆罕默德乃是先知。」在危機、威脅或不知所措的時刻，「除神之外，沒有神。」這句話就會從穆斯林口中說出。

二、正規的祈禱

透過祈禱把意志交付神，並以神的意志做自己的君王。穆斯林一天應祈禱幾次？穆罕默德在齋月騎白馬上七重天向神請示，第一次神說一日祈禱五十次；摩西認為做不到，於是穆罕默德又回去問神，如此來回五次。第五次神說一日祈禱五次，穆罕默德滿意、屈服了，於是穆斯林每日在晨起、日正當中、日落一半、日落、入睡前，各祈禱一次。正常情形下，穆斯林每日祈禱五次，特殊情形時，祈禱次數不夠不算犯罪。

三、慈善

富有的應該幫助匱乏的，如奴隸、欠債人、陌生人、旅人、募捐者，和分配施捨的人。中等及上等收入的穆斯林，每年所有資產的四十分之一

要分給窮人。

四、遵守齋戒月

齋戒月共「29天」，從天亮到日落均不可吃東西、飲水或抽煙，日落後，可作適量的飲食。至於為什麼要禁食？因為禁食使人思想清明，可以強化人對神的依賴。

五、朝聖

只要身體和經濟條件許可，每位穆斯林一生至少要去麥加一次，在那裡親自獻上愛神的熱忱。

遜尼（Surrmis）派和什葉（Shi'ites）派遵守五柱，蘇菲（Sufi）派除遵守五柱外，還有一套內部淨化和精神化的作法。據說蘇菲派震驚伊斯蘭教的世俗化，主張內在先於外在、意義先於物質。他們呼籲：「少愛一點盛水瓶，多愛一點瓶中水。」蘇菲派聚會時導師講道，信徒共同吟唱、舞蹈、祈禱、數念珠、同聲背誦經文。蘇菲派有三種信入途徑，即愛、狂喜、和直覺的路。

(一) 愛：神的愛是宇宙的核心，浸潤在愛並活出來，就可得到生命最高的福祉。阿拉是那麼地崇高，人對神的愛如夜鶯對玫瑰花的愛、又如飛蛾對火燄的愛，然而人對神的愛都會得到回報，因阿拉愛祂的創造物遠勝人對祂的愛：「誰要是向我靠近一點，我就更向他靠近一倍；誰要是向我靠近一倍，我就更向他靠近十倍；誰要是向我走過來，我就更向他跑過去。」

(二) 狂喜：即「立身於自我之外」，完全從自己抽離，彷彿被催眠一樣，對自己是誰？在何處？發生何事？都不再關心。當這種狀態來

臨時，它乃是一個「注入的恩典」，此時自我意識被中止了，而由一個更高的意志來接管。

(三) 直覺辨別：通過「心之眼」獲得「精神知識」，信徒透過「心之眼」，認出世界乃是神的偽裝。蘇菲派認為人的存在是罪，因為存在包含了分離；「顯現自我」就是排拒神，當然是罪。因而蘇菲派發展出「絕滅說」以結束「自我意識」，當「自我意識」結束了，自我軀殼的內部只剩下神，除神之外，什麼都沒有。

參、印度教（Hinduism）

　　如果把印度教當作一個整體來看——它浩瀚的文獻、複雜的祭禮、散漫的民俗、豐富的藝術，我們會發覺它真是什麼就有。印度教主張人生有四項合法追尋的目標：「慾望之路」上的享樂和成功、及「棄絕之路」上的自我和有限。

　　對追求享樂的人，印度教典說「去追求罷——這樣做並沒有什麼錯，它乃是生命合法追尋的四項目標之一。」印度教典不僅不譴責享樂，還教導如何擴大其影響力，對心思單純、專志追逐享樂的人，印度教呈現的是保證健康和長壽的養生術。只要遵守基本的道德規範，任何人都可盡量追求享樂，只有愚蠢的人，才會為眼前短暫的利益而無法自拔，以至於去偷、去騙。

　　印度教典如是啟示：「等待時間的到來」——即使不一定在今生，每一個人一定都會明白享樂並非一切，並非因為享樂是邪惡的，而是因為享樂太煩瑣淺薄，無法滿足人性。到了此刻，一般人通常就會轉向人生第二個目標，那就是俗世的「成功」：財富、名譽和權力。

　　印度教承認追求權力、地位和財富有其相當的必要性，此種追求不應

受到輕視。俗世的成功對供養家庭、承擔公民責任乃是不可或缺的，此外它也帶給世人一定的價值感和自尊心。不過最終，俗世成功的報酬也有它的極限。原因如下：

一、財富、名譽和權力乃是排他、競爭，同時也是高度不穩定的，與別人分享，自己所有就會減少。此種排他性與競爭性導致高度的不穩定，產生令人難以承受的不安定感！

二、追求成功的慾望永無止境。以印度格言作比喻：「用錢來熄滅追求財富的慾火，好比火上澆牛油一樣。」許多第一次很刺激，卻在第一百次令人生厭。

三、俗世成功集中在自我的意義上，而自我畢竟太渺小了，不可能對之保持永久的熱情。

四、有時得到了，也保住了，卻發現不能帶來期望的快樂。有些東西得到也擁有了，卻在剎那間被奪去。成就轉瞬即逝，生不帶來，死帶不去，千辛萬苦掙來的成功，卻只擁有短暫的支配時間！

　　走在「慾望之路」卻發現無法完全滿足，一切短暫的快樂全都隨時間消逝而逐漸遞減掉了，留下的只有空虛、空虛，全部是空虛。問題會不會出在那個一直在追逐的「小我」？如果關注在一個更大、更有意義的整體上，無聊瑣碎的個別生命可否因此獲得新生？

　　「棄絕之路」跟在「慾望之路」之後，如果順從衝動就能充分滿足，就不會有棄絕之念，唯有通過「慾望之路」而仍然不滿足的人，才會走上「棄絕之路」。「棄絕之路」有兩個路標，一是棄絕自我，負起責任，一是棄絕有限，追求無限。

　　認分努力工作可以獲得同輩的尊重與感激，所以盡責也產生相當地報酬，不過這些報酬最終還是不夠，因為有慾望的執著，即使是為他人，畢

竟還是慾望。在供養自己與他人的生活時，社群的重要性顯然大於單一個別的生命，如果優先考量社群，就會從一心去取變成一心去與；從一心要贏、變成一心要輸（讓）。

印度教認為享樂、成功和責任，從來就不是人類的終極目標，它們頂多是提升生命的工具罷了。「解脫」才是人類真正的需要，擺脫有限的拘束，才能獲得無限的存在、知識和喜樂。無限存在、無限覺知以及無限妙樂，原本就隱藏在人的自我，可是這無限受到表面自我的遮蔽，必須清理「有限我」才能讓「永恆我」完全透顯出來。

瑜伽與牛軛（yote）字根相同，它有雙重的意義：接受訓練及結合在一起。瑜伽是一種訓練，引導人成為一體，但究竟要如何整合？如何達到梵天（梵文中的神）並繼續保持接觸？如何與梵天合而為一？如何仍然留在塵世卻變成神聖？以上種種，便是世世代代印度教信徒的追求目標。

印度教邁向神化的精神途徑有四，四種途徑都由道德準備開始，宗教不光是道德，但是缺乏道德基礎宗教就不能站立。不同的人適合不同的瑜伽，依精神人格類型差異而有不同的適用。精神人格類型區分為四：反省性、情緒性、行動性、與實驗性等四類，沒有人是單一人格類型的，每個人都可能同時擁有四種人格類型，只是在程度上較突出某一人格類型，不同類型、不同突出，就有不同的修煉方法。

一、「知的瑜伽」：通過知識而與真神（Godhead）合一的途徑，特別適合具強烈反省傾向的追求者。修行之鑰在辨識，辨識表我以及肉眼見不到的大我。修行必須經過三個步驟：首先就是學，順著聖多瑪斯《神學大全》中的秩序，了解聖人、經文及論述的意涵。第二步驟是思想，以長期、深切的反省，將大我從概念轉變成實在。科學說人的身體歷經七年新陳代謝就完全更新，人的心智和人格也能有類似的改

變。然而經過多方改變，我還是我，一個一時相信這個，一時相信那個的人，一個一度年輕而現在老了的人。為什麼我還是我？這個比身體、心智更持久不變的存有是什麼？這個擁有我的身體和心智，卻又不是「我」的「我」究竟是什麼？認真反省，就能把小我與大我區分開來。第三個步驟是把自己當作小我與大我之外的第三者，直接把自己想成精神。從第三者角度同時進行兩件事：㈠ 把虛幻我（小我）與無限我（大我）區隔開來。㈡ 深化無限我的認同，把人完全轉化為內心深處的「真我」。知的瑜伽是通往神性的最短捷徑，但也是最陡峭的路，它需要理性與精神作罕見的結合，因此只適合少數的人。

二、「愛的瑜伽」：愛的瑜伽有無數信奉者，是最流行的一種。愛的方式有叁：㈠ 亞帕姆，不停的禱告。不論作任何事（漱洗、紡織、播種或購物），均持續呼求神名禱告，長期下來，禱告就浸潤到潛意識裡，使人充滿神性。㈡ 反覆述說愛以為宗教之用。把神看成一位仁慈的保護者——父，我們依賴祂；把神看成愛侶，把靈魂嫁給神；把神看成主人，而我們（僕人）對他獻上忠誠的愛。㈢ 選擇理想的形象來崇拜神，以產生一世的依戀。神有數不清的形象，都是、都不是。讓信徒選擇相對應的形象，理想化的形象可以深化信徒的修煉；透過形象崇拜，神的力量能全面產生作用。

三、「業的瑜伽」：通過工作走向神，在每日事務中發現神。全心投入工作但要聰明地做，要做能得最多回報的事。具情感傾向的人，要將工作變成神聖的儀式，以愛心榮耀神。具反省傾向的人，把工作當成走向神的道路。

四、「修的瑜伽」，「整合的皇家（raj）之路」。不同於自然科學，修的瑜伽以人為實驗的對象；實驗對象不是人的身體，而是人的心靈。

實驗有八個步驟：第一、二步乃是要戒絕身體的慾望，求得精神上的平靜。第三步訓練以瑜伽的姿勢保護冥想，避免干擾專注的靈。第四步是減緩、平衡、並控制呼吸，以免影響冥想。第五步練習專注單一件事，心無雜念。

上述五個步驟停止了慾求的侵襲、良心的不安、身體、呼吸和感覺，但心靈最凶惡的敵人乃是自己。因此第六步就是要約束不安的心，使它不再搖擺而能專注。最後兩步持續深化專注：第七步使主客合一，第八步是三摩地，人的心靈完全貫注在神。

大多數人傾向選擇一條路，並滿足地緊緊守著，可是印度教鼓勵信徒試遍四種瑜伽並將之融合，成為適合自己修煉的一種瑜伽。

在現實生活中許多人都曾經遭遇挫折與創傷，如疾病與死亡的陰影，有人罹患癌症，群醫束手；有人遭逢重大意外，性命垂危或留下永久的傷疤。

無論是什麼挫折，當事人都飽受折磨，苦痛不已。絕大多數人都希望脫離困境，獲得救贖，而最常見的救贖就是求助信仰，透過信仰，即使身體的傷病與生活的挫敗仍在，當事人往往變得可以理解生命中的挫敗，甚至認為是神對他們的考驗，是屬靈道路的必經過程。此即信仰之效能，中、西皆然。

延伸閱讀

1. 倪柝聲，《屬靈人》，上海：福音書房，1928年。
2. 王明道，《五十年來》，香港：晨星書屋，1950年。
3. 宮崎正勝，《中東與伊斯蘭世界史圖解》，臺北，商周出版，2008年9月19日。

4. 法蘭西斯‧羅賓笙，《劍橋插圖伊斯蘭世界史》，臺北，如果出版社，
   2008年9月15日。
5. 摩訶提瓦，《印度教導論》，新北市，東大，2002年6月1日。
6. 林煌洲，《印度教宗教文化》，新北市，東大，2007年7月1日。

第三節

認識重要的宗教（下）

　　2012年12月，美國民調機構皮尤研究中心（Pew Research Center）發表《全球宗教景觀》的報告，說全球六十九億人口中，有百分之八十四的人（五十八億人）有宗教信仰，其中，佛教信徒約有4.88億。佛教徒一半（50%）在中國，其餘各國佛教人口依序為泰國（13%）、日本（9%）、緬甸（8%）、斯里蘭卡（3%）、越南（3%）、柬埔寨（3%）、韓國（2%）、印度（2%）和馬來西亞（1%）。其他兩個地區北美和歐洲，佛教徒分別有399萬（1.16%）和135萬（0.18%）。2006年美國國務院《國際宗教自由報告》分析，中華民國自我認定為佛教徒的有800萬人，約占總人口數的35%，自我認定為道教徒的有755萬人，約占總人口數的33%；但，佛、道教信徒有許多重疊。

壹、佛教（Buddism）

　　大約在西元前六世紀，古印度迦毘羅衛國（Kapilavastu）王后摩耶夫人，在迦毘羅衛國與拘利國鄰接的藍毘尼（Lumbini，今尼泊爾南部波陀利耶村的羅美德寺院裡）生下了喬達摩‧悉達多太子（Gautama Siddhattha），即釋迦牟尼（Sakya-muni）。迦毘羅衛國是喜馬拉雅山南

麓下的一個小國，位今印度東北邊界與尼泊爾交界處。悉達多太子生存的印度宛若中國春秋戰國的時期，在群雄分裂的局面中，十六國互爭勢力而爭戰不斷。十六國之中，北方的橋薩羅國和南方的摩揭陀國勢力最強，迦毘羅衛國只是橋薩羅國的附屬小國。迦毘羅衛國由許多氏族組成，悉達多的父親淨飯王是釋迦族的首領，被眾人推舉為國王。據考證，迦毘羅衛國只有2600平方公里，略大於臺北都會區（2,457.1253平方公里）。

　　三法印即「諸行無常印、諸法無我印、涅槃寂靜印」。符合三原則便是信佛正法，有如世間印信，用為證明，故名法印。所謂諸行無常，是說一切世間法無時不在生住異滅中，過去有的，現在起了變異，現在有的，將來終歸於滅；所謂諸法無我，是說在一切有為、無為的諸法中，均無我的實體；所謂我的存在，只是相對生理和心理的幻象。所謂涅槃寂靜，是說涅槃的境界無一切生死的痛苦，無為安樂故涅槃寂靜。

　　涅槃是佛教的至善之境，是佛教徒結束苦難和輪迴轉生的終極目標。何謂涅槃？就是德與智的結合，只有兩者具備，涅槃的充分條件才得滿足。如何得到涅槃？那就是佛陀證悟之夜所悟出，並在貝那勒斯鹿野苑初轉法輪時講述的內容。這次說法內容有為人所熟知「四聖諦」，即一、苦諦（Dukkha）：一切皆苦，人生八苦即生、老、病、死、憂悲惱、怨憎會、愛別離、求不得等，易言之，五陰（Pancaskandha=五蘊）盛苦。二、集諦（Samudaya）：苦是怎麼產生的呢？苦的原因是愛與慾相應，因而產生三種渴愛；由於我們渴望快樂（慾愛），渴望生存（有愛），渴望無常（無有愛），故使我們永遠在慾界、色界、無色界的三界之中六道輪迴。三、滅諦（Niiodha）：慾念一旦清除，苦難必將終止，涅槃也可獲得。從佛陀生平故事得到的啟示是，所謂涅槃有兩種形式，其一生時，其次死後。佛陀三十五歲坐菩提樹下證得，是「即身是佛」，佛陀八十

歲往生，是「無住涅槃」，無須墮入輪迴了。四、道諦（Magga）：解脫苦的方法，即「中道」（the Middle Way），中道又稱八正道：正見、正思、正語、正業、正命、正精進、正念、正定。此係一條既不自我放縱，也不虐行苦修的正確道路。

欲界六道即地獄、畜生、餓鬼、阿修羅、人、低位神等，六至三十一諸天是諸神的居所；上部五天「二十三至二十七」層稱為「淨土」（ThePure Abodes），為修「不還果」者所居，他們不必再往生人世。其餘諸天眾神（cieva）憑藉善行得享歡樂祥和之境，諸天眾神依然受羯磨轄制，須跟其他生靈繼續輪迴。

八正道又細分為三個範疇，即「戒、定、慧」。所謂「戒」者，即防止身、口、意三業的過失，以達到功德圓滿的目的；所謂「慧」者，即斷除迷惑、證悟真理、發展智慧的功德；最後所謂「定（Samadhi）」者，是對兩者的支持。人人依循這種修行途徑，便可一步步離苦得樂，走向理想的解脫。

原始佛教最重要、最高的原理，就是緣起思想，任何次級理論或學說都不能與之牴觸，否則緣起的最高原理將無法成立。就此最高的原理，以有情為本，說明緣起原理最詳備而常被討論的便是十二因緣。所謂十二因緣，又作十二支緣起、十二緣起、十二支等，即無明、行、識、名色、六入、觸、受、愛、取、有、生、老死等十二種生命輪迴的重要因緣或條件。

依印順大師的解說，十二因緣主要有四種關係：

一、逐物流轉：生命的表象，貪求生命自體和塵世。

二、觸境繫心：生命表象的引發，貪求生命自體和塵世的形成過程。

三、生命依持：生命的成立，是識與名色相依相待的存在，也是物質和精

神的結合。

四、死生本源：生命流轉的動力，是無明、行、識的展轉相互為緣。

十二因緣的涵義，條列說明如下：

㈠ 無明：無知或根本的妄執。由無知引發愛、見、慢等煩惱，發動身口意或善或惡的行為，成為生死狂流的根本。

㈡ 行：涵義有二：

1. 前生所造的業。由於無明煩惱而發動身、口造作種種行為，善行稱為善業，惡行稱為惡業，所以行又稱為業，有了業行就要受報。

2. 跟行業相涉的愛。

㈢ 識：其涵義有二種：

1. 入胎識：跟名色同時相依而共存。

2. 六識：依六根、六塵而引發的六識。所認識的名色不能離開能知的六識而知道它的存在，六識與六根、六境，三者和合便能生觸。

㈣ 名色：其涵義有二種：

1. 色，是色蘊，名，是受、想、行、識等四蘊。這五蘊總攝一切精神與物質，是六入所取的認識對象。

2. 是有情身心組織的總名。

㈤ 六入：眼、耳、鼻、舌、身、意等六根。

㈥ 觸：指眼、耳、鼻、舌、身、意等六觸，是認識作用的開始，就是感覺。凡夫之觸與無明相應，所以經中談到觸時，也有無明的涵義。

㈦ 受：心的領納作用，有樂受、苦受、捨受三種。在觸對境界而生起

認識的時侯，在心上現起所知的意像，必然帶有或順或違的情緒。

(八) 愛：是「染著企求」。有慾愛、色愛、無色愛三種。依自我生存的渴愛，積極的追求塵世一切，或消極的受環境影響，起貪或瞋，成為有情生死的動力。

(九) 取：取是愛的增長，主要有：欲取、見取、戒禁取、我語取等四類。由「取」引發對生命塵世或貪或厭離的身口意行動。

(十) 有：其涵義有二種：1. 業；2. 三界（欲、色、無色）的果報自體。

(十一) 生：六道之生。

(十二) 老死：衰老與死亡。

西元前324年至185年，古印度摩揭陀國擴張形成孔雀王朝。從孔雀王朝開始，佛教分別向南北兩個方向傳播，向南經由錫蘭傳到東南亞一帶，稱為南傳佛教（上座部佛教），向北經喀什米爾到新疆，稱為北傳佛教（又稱大乘佛教）。東漢時佛教就傳入中國，後又傳入古朝鮮、日本，8世紀時，北傳佛教正式傳入西藏，至此，北傳佛教分為漢傳佛教和藏傳佛教兩支。藏傳佛教影響藏民生活極大，後又傳入蒙古和中國東北等地。

印度雖曾為佛教的興起之地，但今已式微，只有在靠近中國的邊界處，佛教信仰才較為濃厚。目前99%的佛教徒在亞洲，但以佛教立國者，只有柬埔寨和不丹。近年來，佛教在美國、加拿大、澳大利亞等國有所發展，在印度、孟加拉、菲律賓、印度尼西亞、俄羅斯、和哈薩克等國，亦有零星之分布。

早期，佛教各部派的經藏、律藏內容相似，論藏則不盡相同，早期集結是否包括論藏？尚無定論。佛教典籍包含注疏、佛教史傳、佛教目錄、佛教著作等，廣義佛教經典的總匯，中華文化區稱為《大藏經》或一切經。同樣經典的匯總，藏傳佛教稱為為《甘珠爾》、《丹珠爾》兩部。南

傳佛教則使用「三藏」的名稱。各地稱呼不同，所指也有微妙差別。在翻譯上，中國習慣使用《大藏經》，南傳佛教習慣稱為《巴利大藏經》，而歐美學界則經常使用「三藏」的稱呼，或有採用日文翻譯「大藏經」稱呼者，但相對較少。

貳、道教

　　道教指在中國古代宗教信仰的基礎上，承襲方仙道、黃老道和民間天神信仰等宗教觀念和修持方法，逐步形成的一種信仰。道教奉太上老君為教主，並以老子《道德經》為修仙、修真的主要經典。道教成仙或成神的方法可歸納為五種：如服食仙藥、內丹、外丹、煉氣、與導引等五種，並藉由道教科儀與法術修為等儀式來成仙。

　　道教與道家不同，道家是學問，道教是宗教。道教的科儀與祭祀最早可追溯於自然與鬼神的崇拜，從早期人神溝通的占卜逐漸演變成商周時期的祭祀上天和祖先。道教亦淵源於戰國，盛於秦漢的「方仙道」。「方仙道」分行氣（含導引）、服餌、房中三派。行氣派尊彭祖、王喬、赤松子為始祖，服餌派以羨門、安期生為代表，房中派以容成、務成子為代表。

　　東漢末年社會崩潰與戰亂，張道陵在西南蜀得太上老君（老子）「授以三天正法，命為天師」，並仿佛經造道書25篇，從而創立「天師道」（俗稱五斗米道）。同時在中原地區，張角宣稱「蒼天已死，黃天當立」，創立了「太平道」。在這種社會背景下，道教創始人張道陵綜合傳統的鬼神崇拜、神仙思想、陰陽術數、巫術，並融和「黃老道」思想，逐步發展成為道教的形態。所謂「黃」指春秋戰國時的黃帝學派（以道家為本，融合神仙家和陰陽家的思想，假託黃帝著書。），「老」指老子，代表道家的老子學說（《史記‧老子韓非列傳》記載「老子」上下篇，言道

德之意五千餘言而去，莫知其所終。」）。

　　道教認為「道」是宇宙萬物的本原和主宰，無所不在，無所不包，萬物都是從「道」演化而來的，而「德」則是「道」的體現。「三清」尊神則是「道」最初的人格化顯現，也代表宇宙創生的三個過程（道生一、一生二、二生三，三生萬物）。

　　「三清」化生出天地宇宙和自然諸神，這些稱為先天尊神（天尊），先天既與道體合一，人類通過某些方式也可與道合一，人與道合一稱為「後天神仙」，最高者也可修為成「天尊」。道教的至尊天神有多種說法，一是以「玉清元始天尊」為最高天神，一是以「上清靈寶天尊」為最高天神，也有以「太清道德天尊」為最高天神，最後，演變成三位一體的「一炁化三清」的神學理論。

　　道教重生惡死，追求長生不老，認為人的生命可以自己做主，只要善於修道養生，就可以長生不老，得道成仙。因此煉丹、服食、吐納、胎息、按摩、導引、房中、辟穀、存想、服符和誦經，都是得道長生之術。

　　道教神仙譜系中，最高為「三清」、「四御」，最低為「城隍」、「土地」。「三清」，即玉清、上清、太清，「三清」乃創造世界的大神，故號稱「三清道祖」。「四御」是輔佐「三清道祖」的四位聖尊，所以又稱「四輔」，實際負責管理宇宙萬象的最高神祇，位居三清之下。「三清」是宇宙萬物的創造者，「四御」則代表統率天地的萬神。「四御」神祇分別為：中天紫微北極大帝、南極長生大帝、勾陳上宮天皇大帝、承天效法后土皇地祇。另一種說法「四御」是：中天紫微北極大帝、南極長生大帝、勾陳上宮天皇大帝（或稱太極天皇大帝）、東極青華大帝（化為太乙救苦天尊）。

　　道教還有「六御」之說。此「六御」為：掌管萬天的玉皇上帝、掌管

萬星的紫微大帝、掌管萬靈的長生大帝、掌管萬雷的勾陳大帝（又稱天皇大帝）、掌管萬彙的青華大帝（又化為太乙救苦天尊）、掌管萬地的后土皇地祇。「六御」來自古代「六合」的觀念，「六合」就是六度空間，即東、西、南、北四方和上、與下。

「城隍（城隍爺、城隍爺公、城隍老爺或城隍尊神）」原意是「城牆」與「護城河」，後來演變為民間信仰中城池的守護神，亦職司陰間的司法。民間信仰中，城隍是由死去的名人或有功勞者擔任之，「城隍」必須公正無私，也有任期制及眷屬。「城隍」可能因地點不同，而有等級之分，駐首都的「城隍」封為「承天鑑國司民昇福明靈王」、駐府的「城隍」封為「威靈公」、駐州的「城隍」封為「靈佑侯」、駐縣的「城隍」封「顯佑伯」，顯示各級「城隍」有不同的身分與地位。

在職司陰間司法的部分，「城隍」專司人間善惡之記錄、通報，靈魂審判與移送。「城隍」被人供奉「城隍廟」。「城隍」的信仰盛行於大中華地區、越南、朝鮮半島，也見於其他地區的華人、越人、朝鮮人的移民社群。「城隍」聖誕日因地區或廟宇而有所不同，如「霞海城隍」聖誕是五月十三日，艋舺龍山寺「城隍」聖誕是六月初三日，宜蘭城隍廟都城隍老爺聖誕是三月初二十七日。

「土地」有各種稱謂包括伯公、大伯公、福德正神、福德老爺、土地公公、土地伯公、福德公、土地公、地主爺，、土地爺、福德、土公、土地、土伯、土正、社神、社公、社官等。土地神屬於民間信仰中的地方保護神，是具有福德的善鬼神，在中華傳統文化中，祭祀土地神即祭祀大地。現代祭祀土地神多是為祈福、求財、保平安、保農業收成之意。土地神也是道教諸神中地位較低，也是與人民較親近的神祇，臺灣民間信仰之中，玄壇真君與福德正神（土地公），是公司、商社、的財神與守護神，

正月初五開工日，即玄壇真君巡遊人間之日；每年十二月十六尾牙日，即土地神年終的牙祭日。

道教的宗教活動主要分兩大類，個人修行的「五術」和「道教儀式」。「五術」是中華文化中極為重要的組成部分，是「道術（秦漢以前稱『方術』）」最主要的分類。一般認為，「五術」包括山（仙）、醫、命、卜、相等五類，後三術又歸類於「術數」。「五術」的基本構成，都源自《易經》，《易經》涵蓋時空，陰陽相互對立又相互轉化，如冬去春來，夏去秋來；又如月升日落，老死少生等。

基本上，道教儀式可分經儀、教儀和法儀等三種；經儀亦即通常之誦經拜懺，重在去意凝神、萬緣離心，正心誠意在神前誦演經文，知止方明造化、誠意始覺妙音，故誦經有守真悟明之妙，代天宣化之功。教儀旨在崇拜和頌揚神，故重讚頌和禮樂。法儀乃針對特定目的，運神行法，可奪天地之造化，拯眾生於無邊。不論演經、演教、或演法，其重點厥在程序。通常道教教儀之進行，程序上皆有祝香、祈盟、啟頌、拜誥、進爵、獻供、入意、禮願等過程，而在文表上，俱涵謝罪、頌揚、祈恩之意。

道教的宗派，歷史上有正一道（祖師張道陵）、全真道（祖師王重陽）、全真南宗（祖師張伯端）、真大宗（祖師張清志）、太一宗（祖師莫洞一）五大宗之分法；也有天師道、全真道、靈寶道、清微道四大派的分法，另外還有道德、先天、靈寶、正一、清微、淨明、玉堂、天心八派的說法。

近代「符籙派」和「丹鼎派」比較有影響力，「符籙派」主要以符咒、齋醮祈禳、拜章禮斗等法，以治病除煞、濟人度鬼。「丹鼎派」又稱「金丹派」，分外丹與內丹二脈；主張經由性命雙修、服食辟穀等法，達到超凡入聖、羽化登仙目的。

　　媽祖、關帝、岳王、雙忠等本為豪傑英烈，因民間信仰而納入道教的神仙。道教早期不供神像，爾後為了傳播方便而開始供奉神像，在大型道教觀中，必有「天尊殿」（或曰「三清閣」）以及「四御殿」，至於其他神仙則因道觀之歷史、地理不同而有所分別。此外，道教認為人身也是一個小天地，人身各種器官，如毛髮、五官等，都有神靈駐守，而且還有相應的修持方法。

　　佛、道二教，為臺灣本土兩大教；17世紀初葉，天主教和基督教隨著西班牙、荷蘭勢力，先後進入臺灣傳教；早期在臺灣發展的，除了天主教外，基督教長老教會也曾經扮演重要的歷史角色。近來宗教蓬勃發展，回教、大同教、天理教……等，也都在臺灣擁有一片空間。

延伸閱讀

1. 呂澂，《中國佛學源流略講》，臺北，里仁書局，1985年1月30日。
2. 鎌田茂雄著、關世謙譯，《中國佛教通史》，臺北，佛光出版社，1986年。
3. 季羨林，《佛教十五題》，臺北，中華書局，2007年1月。
4. 謝奇峰，《臺灣神明圖鑑》，臺中，晨星出版社，2014年8月12日。
5. 劉笑敢，《道教》，臺北，麥田，2002年12月4日。
6. 李世偉，《臺灣宗教閱覽》，臺北，博揚，2002年7月31日。

第六章
生命價值

第一節

倫理與生命倫理

1

壹、認識倫理學與應用倫理學

談道德發展的學者柯爾伯格（L. Kohlberg, 1927-1987），曾經提出過一個「漢斯偷藥」（Heinz dilemma）的倫理困境，大意是說：

> 漢斯的妻子罹患某種罕病，可能即將死亡，只能寄望一位藥師剛發明的新藥，如果沒有這個藥，漢斯的太太必死無疑。然而這個藥成本雖低，但價格卻十分昂貴，即使漢斯拿出所有財產也不夠支付藥費。藥師既不願意降價，也不接受漢斯賒帳。這時的漢斯該怎麼做？應該偷藥嗎？

你認為漢斯作為一個丈夫，面對妻子的絕症，應該去偷藥嗎？你所持的理由是什麼？以這個問題詢問不同背景、性別、文化的人，會得到的答案都不盡相同。柯爾伯格提出的這個例子，被詮釋在他的道德發展理論中，呈現出影響道德決定的幾個因素。而讀者們在思考應該或不應該偷藥的行為時，開始關注於道德行為所應遵守的規則，究竟應該怎麼做才是符合道德的行為，並且證明自己主張的正當性，那麼這樣的思考歷程，也就進入了倫理學（ethics）的殿堂了。

倫理學與中小學的「生活與倫理」課程並不一樣，後者傳遞並教導文化、習俗、法律中視為規範的行為舉止，例如，人應該要誠實；而倫理學則是哲學的一個分支，又被稱為道德哲學，緊扣著善/惡、對/錯、美德、

正義……等概念，與傳統、習俗、道德、法律、制度……等既相關卻又不相同。倫理學討論何謂善？何謂惡？什麼是好的行為？也關心著對於行為的對與錯，人們有著什麼樣的價值觀？哪些行為是對的或是錯的？並且更深入探討行為的正確或錯誤相關的道德準則，像是為什麼人應該要誠實？倫理學所討論的道德本質與道德判斷的方法，彰顯出人類理性思辨與批判的能力，在個人出生與死亡之間，對於人生意義「應做何事」的實踐；在實踐的過程中展現出我們想要以什麼樣的行為，過著什麼樣的生活，因而成為了什麼樣的人。

　　當我們思考某些事情應該如何做才是對的行為時，規範倫理學提供我們不同的思考方向。其中，義務論與目的論是兩個代表性的理論，這兩個理論很大的不同處，是在於思考行為的對錯時，應該取決於行為本身履行社會契約的義務責任，或者行為動機與意志的良善？還是應該取決於該行為所造成的後果？兩者有著不同甚至不相容的看法。

　　舉例來說，功利主義（Utilitarianism，或稱效益主義）就是一種目的論。功利主義認為，人類的行為都是為了要獲得幸福快樂，因此要判斷行為的對錯與否，就該考慮該行為是否能夠帶來「最大幸福」（Maximum Happiness），也就是效益至善的主張。如果衡量計算了每個個體的快樂或痛苦的總和，便能知曉該行為是否為達到「最大效益」的善行。

　　至於德國哲學家康德（I. Kant，1724-1804）則是義務論的重要代表人物。康德強調，道德行為是必須將他人視為目的，而非工具或手段。並且在判斷一個行為是否符合道德時，還須經過普遍性的檢視，若是能夠放諸四海而皆準，那麼這樣的道德判準，將成為個人對自我道德要求的無上命令，也就是義務與良心，道德行為就是基於義務而為的行為，而我們遵守的道德判準，其實是由自己所制定的，我們也因此是自由的。

　　應用倫理學（applied ethics）嘗試將倫理學的理論應用於日常生活的種種範疇，關心的是實務問題的探討，例如商業倫理、環境倫理、科技倫理、人權問題、研究倫理、法律倫理……等。生命倫理又稱為生物倫理，就屬於應用倫理學的範疇。然而，倫理學的理論一旦要試圖解決實際生活中發生的倫理困境時，便常面臨到引用不同倫理原則卻有著不同結論的窘境。你是否曾經陷入對於生命的兩難掙扎，例如上述漢斯偷藥的例子，不論如何選擇，總有遺憾與無奈？倫理困境指的便是這種陷入道德衝突的情境，而其之所以為困境，也就在於道德有著必須於生活中「實踐」的特質，並非只是口頭說說而已。道德決定的過程中，面臨道德實踐的關頭，內心的價值衝突於焉存在，無法遁逃。

　　關於道德實踐的困境，福特（P. Foot）提出來的「電車難題」就是廣為人知的有趣例子。這個問題是這樣的：

　　　　假設你是電車的車長，駕駛一輛無法自行停止的電車，並且眼看著就要撞上前方來不及逃走的5名工人，這時你唯一能做的，就是改變軌道；然而另一條備用荒廢的軌道上卻也有著另一名工人。你面臨了一個兩難情境，並且必須立刻做出決定：是否應該切換軌道，犧牲這一個人的性命來拯救五個人呢？

　　面對這樣的難題，你在那千鈞一髮當中是否應該切換軌道呢？依你的學習了解，效益主義與康德的義務論，各會有什麼不同的主張？如果，軌道上的5名工人改為罪犯，又如果那名工人是你的親人，你的決定是否會不一樣呢？

貳、生命倫理的議題

　　生命科學（含生物、醫學、遺傳、照護）及其在法律、政治、社會等領域與倫理學的相互關係中，所產生的問題，便為生命倫理學（bioethics）所關注。隨著生物科技的日新月異，基因研究、醫療技術推陳出新，人們在追求健康福祉的過程有更密切的醫病關係，與更多項的醫療選擇。生命倫理既和醫療或生物科技發明的道德問題有關，可以包括醫學倫理、照護倫理、動物權利、研究倫理等部分；更廣泛來說，這類發明或與生命有關的公共政策及法律，或只要使生命個體產生恐懼的行為，都涵蓋在生命倫理的議題中。

　　以下，將簡要的呈現生命倫理學範疇中的相關主題，期待拋磚引玉，引發讀者更多思考。

㈠ 與生物科技有關的倫理議題

　　特別是基因科技的進步，對於法律與倫理道德層面的衝擊與日俱增。

1. 基因檢測：基因檢測技術，固然能夠針對遺傳性疾病提早預防、診斷與處置，但這樣的基因檢測結果，可能引發當事人隱私保障的問題，造成標籤化或汙名化而侵害當事人的尊嚴，或者牽涉保險給付、就業等問題，亦可能造成個人、家庭或社會的心理壓力。例如，電影「第三個願望」當中，主角身為父親，希望自己的孩子不會遺傳到自己所罹患的罕見疾病。如果在婚前的健康檢查中，因為基因檢測的結果，你知道你自己或你即將論及婚嫁的配偶，帶有陽性的罕病基因，未來也可能發病且無法有效治癒，你會和對方解除婚約嗎？

2. 基因轉殖動物（Transgenic animal）及異體移植：基因轉殖動

物指的是藉遺傳工程的技術，以人為的方式，將外源的遺傳基因或特定的基因組序列加以更改或刪除的動物。基因轉殖動物，可以使帶有人類的基因，轉殖到動物身上，藉以得到更多不會被人體排斥的組織或器官，供異體移植之用，以解決組織或器官短缺的情形。然而，像這樣的動物研究，動物的權利在哪裡？你可以想像科學家隨心所欲的創新物種，或者動物身上有人類的基因，開始具備人性，又甚至出現人獸混種的後果嗎？

3. 基因治療：藉著體細胞或生殖細胞的基因治療，科學家可以為慢性病、遺傳疾病、或重大疾病的死因找到生機。特別是生殖細胞的基因治療，在科技技術與倫理道德的拉扯，及人們面對生殖自由的權限，你的倫理立場與態度，將影響你對於在基因超市中販賣基因以牟利、或者扮演上帝的角色，改變胚胎或新生兒的基因組合，製造出完美的「設計家寶寶」（designer baby）……等的看法。

㈡ 與人類生殖有關的倫理議題

這些議題，在人類社會裡，不論過去、現在或未來，都引發許多爭論。

1. 人類無性生殖（複製人）：假設上述基因工程技術成熟，科學家可以毫無差池的複製人，那麼這個複製人與原本存在的個人應該維持什麼樣的關聯？這樣的複製人在親子關係、手足關係，與一般的人際關係上，所造成的衝擊與影響，也必定使人們產生恐懼不安。不孕夫妻如果不想借助捐精捐卵而希望藉此有自己血緣的小孩，恐仍有倫理上的爭議。

2. 有關計畫生育、墮胎與中止懷孕：生命的起點在何時？精卵受精的那一刻？還是從精子卵子開始就是生命？或者更晚到胚胎有心跳的時候？胎兒成形之時？或是「離開母體無法自行存活」時？哪一個時間點之前中止懷孕，才不算是扼殺了生命？此外，胚胎的生命權與女人的選擇權，孰輕孰重？女人有沒有權利決定自己想要在什麼時候、生養多少小孩呢？中止懷孕的決定由誰來做？醫療專業、家族父權、配偶、還是女人自己？

3. 人工受孕：人工受孕的技術協助許多不孕夫妻圓滿心願，但也同時開啟倫理上的討論，例如這項技術是否只能為一夫一妻的家庭服務？同性伴侶與單身未婚者是否也可以藉人工受孕、代孕而有自己的孩子？再者，關於代理孕母，是否造成有錢人消費貧窮婦女？或者是否將女人的子宮商品化？而代理孕母與委託夫妻間的關係，及代理孕母、委託人、卵子提供者與嬰兒的關係，亦牽涉到母親角色的認定，而為倫理及法律上常受爭議的部分。

(三) 與生死有關的倫理議題

幾個與生死有關的倫理議題，已經長期以來被廣泛的討論，以下僅作概要性的簡述。

1. 自殺：我們都知道剝奪他人生命的行為是不對的，那麼結束自己生命的行為，也是不應該的嗎？在法理上，生命是最高法益，剝奪他人生命總是被處以極刑，但卻無法處罰自殺既遂者，僅能懲罰自殺未遂者；然自殺未遂者若被處罰，而自殺既遂卻無法處罰，則有鼓勵自殺之嫌，因此法律上並沒有對於自殺者的罰則。那麼，倫理上，自殺是否就會是被允許的呢？如果生命具有最高的價值與意義，而自主性又是生命尊嚴的展現，那麼我們應該尊

重自殺者的生命自主權呢？還是應該限制他的自主性，阻止他對自己生命的殺害？

2. 安樂死：承接上述關於自殺的倫理考量，協助他人自殺是行善？還是為惡？安樂死在此指的是人為積極的作為，例如給予致死針劑，或消極的不作為，例如停止餵食，以便減輕當事人痛苦，而加速死亡到來的方式。想要安樂死的當事人身處痛苦之中，希望結束生命卻無能為力，這時協助其更進一步的瀕臨死亡，是否為道德上對的事情？為他人減輕痛苦，本是道德上的善行，然而行為的目的卻是為了使他人的性命終止，這樣的行為仍可稱為善行嗎？

3. 死刑：死刑的討論有許多面向，例如效益與成本，隔離與嚇阻……。在此就應報與人權為例，死刑是國家被賦予的剝奪罪犯生命權的刑罰，也是所有刑罰中最為嚴重的一種。罪犯會被判死刑，代表著其所犯之罪已是罪不可赦，國家才會以死刑待之，這是罪犯應受之報應。報應既非私人挾怨的報復，而是由國家執行的死刑，彰顯的是生命不可任意剝奪的價值與正義。然而，不同的立場會認為，剝奪他人生命，無論何種方式與理由，都是本質上殘忍而暴力的。如果剝奪他人的生命是道德上不對的事情，那麼，何以在罪犯剝奪他人生命之後，由國家剝奪罪犯的生命，竟會成為對的事情？竟會因此使得原本道德上不對的事情有了正當性？無論是個人或國家，殺人都是殘暴冷酷的行為，不該被文明社會所允許。

4. 維生醫療系統的使用與停用：許多高科技的維生醫療系統，如人工呼吸器、葉克膜……等，在急救中被使用，的確能協助許多

病人度過難關；但也有些病人便從此依賴維生系統，反而處在生
不如死，甚至「不得好死」的狀態。1990年的Terri Schiavo就是
著名的一例，他處於永久植物人狀態並需仰賴鼻胃管人工灌食，
他的丈夫希望能拔除鼻胃管，但與他的父母意見相左。什麼情況
下撤除病人的維生醫療才是符合倫理？一個有決定能力並且被充
分告知醫療資訊的末期病人，是否可以決定撤除維生醫療？又如
果，這是發生在一位經過治療但病情沒有改善，如Terri 一般的非
末期病人呢？為他撤除維生醫療是道德上對的事嗎？誰才有資格
下這樣的醫療決定呢？

㈣ 其他與醫療有關的倫理議題

　　另有些醫療有關的生命倫理議題，與資源分配、病人自主權利或公平
性有關，仍常被討論。例如，當你知道你的骨髓可以與你親人配對成功，
而挽救他垂危的性命，你是否能全盤了解相關的醫療資訊與可能的醫療風
險，忍受過程中的痛苦，而完全沒有內在道德的壓力？又例如，器官捐贈
的過程，為避免成為非法器官交易，而多以免費無酬的方式進行，但少數
的器捐者會在器官摘除手術後，因為產生後遺症而有醫療上的經濟困擾，
此時，該如何保障器捐者才合於正義？此外，當受贈器官遠少於等待器捐
的人時，又該如何排序才公平？相關的實例都是在生命倫理領域可能發生
的情境與爭議。

參、醫學倫理原則

　　雖然生命倫理學的範圍很廣，醫學專業倫理只是其中的部份，但由於
醫療專業衍生的爭議與受到的關注討論，對人們往往有密切的影響，相較
於其他專業領域，已發展出更成熟的專業倫理原則，以下稍做說明。

　　二次大戰期間，納粹醫師對猶太人與戰俘做出種種極其不人道的人體醫學試驗與毒氣室謀殺，因此有了1947年的紐倫堡公約（The Nuremberg Code）。這項公約明定從事人體實驗或研究的十項原則，雖然這十項原則是法官在判決書上裁定被告罪名的原則，卻是第一件的國際倫理規範，這事件也使得生命倫理學更加受到重視。

　　醫學專業倫理原則，幾經發展與修訂，至今最被普遍接受的，是Beauchamp 及 Childress 提出的生命倫理四原則。Beauchamp 及 Childress 嘗試找出能夠被效益主義與義務論接受的道德原則，來做為醫療人員執行業務時，與病人互動的依循：

㈠ 尊重自主原則（The principle of respect for autonomy）

　　即使醫師有著醫學知識與方法，病人仍舊對於自己的醫療決定有自主權。尊重自主原則會反映在病情告知與知情同意（Informed Consent）部分。知情同意指的是在病人有足夠的理解判斷能力之下，醫師須提供相關的醫療資訊，以尊重病人的自主性，協助病人為自己做醫療決定。知情同意有賴尊重與信任的醫病關係，以及充分的病情告知，醫師的角色因此不再只是「診斷」與「治療」，還包括了「教育」，以協助病人具備醫療自主的能力。

㈡ 不傷害原則（The principle of nonmaleficence）

　　不傷害原則雖然消極，卻是保護病人能接受適當的照護、避免讓病人承受不必要的身體心理傷害，最重要的原則。不論是為病人在不同治療方案間選擇較少後遺症方式，或是對於自己沒有把握的治療加以轉介，或是醫師單純的接受教育訓練以維持足夠勝任治療的能力，都是不傷害原則的表現。

🔺 行善原則（The principle of beneficence）

　　雖然說醫療工作原本就是種善行，然此處的行善原則指的是一般性的慈悲與利他，是除了消極的不傷害外，更期待能積極主動的為病人著想、創造病人福祉。行善原則與不傷害原則為一體兩面，但醫療工作有責任避免傷害，卻沒有義務必須行善；不傷害原則有著全面禁止的絕對性，行善原則則是正面與鼓勵性的。

🔺 公平原則（The principle of justice）

　　公平原則又稱為正義原則，包括形式上公平的對待每一位進到醫療體系中的病人，並尊重其人權；在分配資源的時候，每位病人都有權利合理而公平的享用有限的醫療資源與服務；至於病人的社會地位、經濟給付能力，不應該被拿來做為醫療資源分配時的考慮因素。

第二節

生死與安寧療護

　　生死事大。出生似乎可以準備，但初生嬰兒的父母卻多在當了父母後才真正學做父母。死亡，則總讓人措手不及，以著名的存在主義治療師亞隆的說法，死亡如同太陽，刺眼得令人無法直視。你曾有至親好友過世的經驗嗎？這些經驗給了你關於生死什麼樣的感受與體會？面對生命的脆弱與無常，你如何看待生死？面對生命的終點，你又有什麼想法或安排嗎？

壹、面對死亡

　　死亡的定義，在傳統上指的是心臟與肺臟功能的永久不可逆的喪失，

包括呼吸、心跳停止，瞳孔放大等，現今則加上了腦死的概念，指整個腦，包括腦幹，功能也不可逆的喪失，呈現深度昏迷、腦波停止，無反射，無法自主呼吸等。腦死的病人即使照顧得再好，也將在短期內心跳停止。

上述關於死亡的定義，可以說是由生命不再繼續的角度而言，即使有死後重生的病人敘述死後情境，死亡終究是存在狀態的改變。小時候玩騎馬打仗，死掉之後可以立刻活過來，或一個人可以有好多條生命，哪怕是死一次兩次，都不構成威脅。但是實際上，死掉是不可能再活過來了，死亡代表再也見不到所愛的人、再也無法完成心中的夢想、再也不能享受美景、美食及其他珍愛美好的事物……，死亡太讓人害怕了！也有人想到死亡，會想到聽聞中的恐怖地獄或黑白無常，或者死亡過程的痛苦、死亡時的面容枯槁，也可能擔心自己死亡造成親友哀傷或無助……，死亡太讓人恐懼了。

死亡有好多原因：自然死亡、自殺或他殺、意外……，老年與慢性病的死亡相較於其他種死亡，似乎對生者而言心理準備程度較高，但對當事人而言，卻像是無盡的折磨。自殺令人遺憾，自殺遺族的心理也常蒙上一層陰影，難以對人啟齒。他殺令人憤怒，仇恨的種子往往因此種下而難以化解，冗長的訴訟過程卻又常常造成二度傷害。至於意外之死則令人抱憾。你可知道你會先有明天？還是先有意外？即使你青春年少，即使你身體健康，先有明天的機率非常大，但卻沒有人能篤定的說人生沒有意外。有人安分規矩的在等紅燈，卻有不長眼的車子從後方撞過來，無端飛來橫禍。也在新聞中見到經濟上捉襟見肘的孝順孩子，除了是長期臥病在床長輩的主要照顧者，又要努力四處兼職工作，結果卻在意外中先行離世，令人不勝唏噓。

　　影片《刺蝟優雅》中的小女孩芭洛馬探索死亡，體會到原來死亡是「一切嘎然停止」，重要的是臨死之前在做什麼。有些人在臨死前因壯志未酬而覺得悔恨，有人因為無法圓夢而抱憾，但也有人覺得自己不枉走過這一遭，滿足安詳的離世。死亡並不只在臨終前的那一刻衝擊人心，如何活著往往就決定了死亡時的面貌。親愛的朋友，如果你有機會看到自己的墓誌銘，你想看到對自己什麼樣的描述？如果你的朋友來參加你的告別式，你認為他們會如何形容你？如果回顧一生，用三個形容詞來形容自己，你又會用哪三個形容詞？

　　其實日常生活中也有許多與死亡本身相關的經驗，例如，死亡就在一吸一呼之間，不論是身體細胞或是心念意識的流轉，只要須臾頃刻便有種種生滅。生命的開始也就是死亡的開始，如同有花開就有花落，與死亡有關的人事物固然使人害怕，但那個「生命就在每一個剎那中逝去」的逃脫不了的必然性，卻開始教我們在活著的時候學習死亡。在想要有尊嚴的死去的同時，也就幫助我們學會如何有尊嚴的活著，如果想要在死亡的時候被人懷念，就得在活著的時候多做溫暖人心的事情；如果想要在死亡的時候被人欽佩，也需要在活著的時候展現能力與擔當。

　　此外，你是否曾想過，關於自己的死亡可能對其他親友造成的影響？或許你可以做些什麼來使他們不致因為你的離去而驚惶失措，例如預立遺囑。你又是否為自己的善終稍作準備？例如，曾想過關於臨終或無生命跡象時是否施行心肺復甦術（CPR）的意願？既然死亡常不在預期內發生，如果可以拋開對死亡的忌諱而稍作準備，或許就可以使生死兩相安。

貳、安寧與緩和醫療（palliative medicine）

一、安寧療護（Hospice care）與五全照顧

現代人的生老病死往往都與醫院脫離不了關係，醫療系統面對疾病與死亡的拉扯，往往在於盡一切努力，務使生命可以延續，卻可能在延緩死亡的救治過程中，只著眼於疾病而忽略病人整體需求，甚至因為無效醫療徒然增加病人痛苦，而使得病人無法善終。

安寧療護（Hospice）起源於羅馬時代，原是照顧旅人與臨終病人之處。安寧照護被引進醫療體系，最早是針對癌症病人，由於癌症末期病人總為疼痛所苦，醫師卻對這樣的疼痛束手無策，桑德斯女士（Dr. Cicely Saunders）便開始想為他們建造一個較為像家的處所，而在1967年於倫敦創辦聖克里斯多福安寧醫院（St. Christopher's Hospice），以人道安寧的方式照顧癌末病人。安寧照護的理念於是開始蓬勃發展，因此桑德斯女士又被稱為安寧療護之母。

安寧療護強調緩解性的照顧（care），而不是積極性的治癒（cure）。世界衛生組織對緩和醫療的定義，強調是以協助病人及家屬獲得最佳的生活品質為目標的照護取向。對於這些無法由治癒性的治療獲益的末期病人，整體積極的照顧是給予病人疼痛控制及其他症狀的緩解，再加上心理、社會或靈性層面之照顧。世界衛生組織對安寧療護定下六大原則：

1. 肯定生命的價值，且將死亡視為一個自然的過程。

2. 不刻意加速，也不延遲死亡的到來。

3. 有效控制疼痛以及緩解身體的不適症狀。

4. 對病患的心理及靈性層面提供整體的照顧。

5. 提供來自周遭的支持系統，讓病患積極地活著直到辭世。

6. 此支持系統也協助家屬，於親人患病期間以及喪親之後的心理反應都能有所調適。

因此可以看出，安寧療護與安樂死（Euthanasia）不同。安樂死是以人為的方式加速死亡的到來，例如致死針劑注射或維生器具拔除；安寧療護則是既不加速、也不延緩死亡，尊重死亡的自然歷程。實際的做法已經由過去的四全照顧，加上社區概念而發展為五全照顧：

1. 全人：病人除了生理的疾病外，還可能有心理的不安、遺憾或悔恨⋯⋯，或者靈性上接受宗教照拂的需求。安寧療護是身、心、靈的整體照顧。

2. 全隊：除了醫師與護理師外，並有復健師、營養師、職能治療師、心理師、社工師、宗教師、及志工等，以專業團隊的力量提供整體的照顧，滿足病人與家屬不同層次的需要。

3. 全家：受到疾病影響的不僅是病人，家屬往往也在其中受苦。因此安寧照顧的對象不僅限於病人本身，家屬也在照顧的範圍內，例如心理師可以協助家屬表達對病人的各種情緒。

4. 全程：從病人進入安寧照護系統到往生，都有醫療團隊全程的陪伴，包括協助家屬關於喪親的悲傷輔導。

5. 全社區：這是指安寧居家而言，除了醫院內安寧病房的機構式照顧，也提供想要落葉歸根回家的病人相關的社區安寧照顧。

二、《安寧緩和醫療條例》

在醫院裡常常可以看到類似的故事情節出現：老先生在加護病房裡，他的身上插滿大大小小的管子：尿管、引流管、氣管內管⋯⋯，已經被醫院認定為末期病人，發了病危通知，但是因為久未盡孝道的「天邊孝子」

出現，出於對父母的虧欠與不切實際的醫療期待，而堅持要醫師繼續急救，於是施行心肺復甦術（CPR）的結果肋骨斷了好幾根，卻仍然回天乏術，平白受苦！

我國的《安寧緩和醫療條例》在民國89年6月7日經總統公布後施行，成為亞太地區第一個立法保障「善終權」的國家，這項條例並於102年修正。依這項條例，末期病人本人可以在兩位具完全行為能力者的見證下，立意願書來選擇安寧緩和醫療或作維生醫療抉擇。而二十歲以上具完全行為能力之人，也可以預立選擇安寧緩和醫療或作維生醫療抉擇之意願，甚至預立醫療委任代理人，於是日後萬一自己無法表達意願時，可以由代理人代為簽署醫療決定。以下稍加說明：

1. 所謂的末期病人，指的是罹患嚴重傷病，經醫師診斷認為不可治癒，且有醫學上之證據，近期內病程進行至死亡已不可避免者。目前安寧療護的照護對象為癌末及漸凍人外，另增加八類非癌末的重症病患，例如心臟衰竭、慢性肝病及肝硬化……。病程末期是此條例生效的先決條件，所以即使已經簽署「預立選擇安寧緩和醫療意願書」，一旦發生意外送到醫院，如果沒有到達生病末期階段，醫師還是會盡力救治。

2. 所謂安寧緩和醫療，指為減輕或免除末期病人之生理、心理及靈性痛苦，施予緩解性、支持性之醫療照護，以增進其生活品質。與安寧緩和醫療相關的考量是心肺復甦術（CPR）的施行，由於CPR是心臟或肺臟功能衰竭時的救治行為，包括氣管內插管、體外心臟按壓、急救藥物注射、心臟電擊、心臟人工調頻、人工呼吸等標準急救程序，往往帶給病人極大痛苦，因此如果是末期病人不想施行CPR，就可以由本人預先簽署「預立選擇安寧緩和

醫療意願書」，或當下由家屬簽署「不施行心肺復甦術（Do Not
Resuscitate，DNR）」同意書。

3. 而所謂的維生醫療抉擇，指用以維持末期病人生命徵象，但無治
癒效果，只能延長其瀕死過程的醫療措施。對維生醫療施行之選
擇，也是可以由本人預先「預立選擇安寧緩和醫療意願書」，或
當下由家屬簽署「不施行維生醫療同意書」。

4. 如果已經自行簽署「預立選擇安寧緩和醫療意願書」，但又擔心
萬一在自己意識不清的狀況下，家屬因不知自己DNR意願或有不
同意見，也可以在健保卡上加注，避免屆時可能的為難。

　　除了依以上的安寧緩和醫療條例，選擇緩和醫療或作維生醫療抉擇之
外，具完全行為能力之意願人，將可透過「預立醫療照護諮商」，事先立
下書面的「預立醫療決定」，選擇接受或拒絕醫療。一旦成為末期病人、
植物人、極重度失智等患者，經醫療評估確認病情無法恢復，醫師便可依
病人預立的意願，終止、撤除、不進行維持生命的醫療或灌食。這是在民
國104年12月8日立法院三讀通過的《病人自主權利法》。這個法在民國
105年1月6日公布，並將於三年後施行，也是亞洲第一部與病人醫療自主
有關的法律，期待因此能讓更多病人可以有尊嚴的離世。

參、如何說再見──四道人生

　　如果有一天，你與所愛的人不再見面了，那麼你知道如何說再見嗎？
對於驟然喪親者而言，甚至連要說再見的機會都沒有。如果你知道你將可
能不會再見到某些人，你對他們的態度會有什麼不一樣嗎？你可以怎麼
做，來讓自己在與他們分離的時候，能夠少些遺憾？「四道人生」的作法
很值得參考：

1. 道愛：哪些是你所愛的人？你是「愛你在心口難開」的人嗎？還是你曾讓他們知道你很愛他？如果可以，不管用什麼方式，都不妨將你對他們的感情表達讓他們知道！

2. 道謝：這是對於別人曾經提供的協助表達謝意，讓對方知道他的話語或行為幫了你什麼忙，或對你有多重要，而你都點滴收在心裡。簡單而慎重的道謝也將會帶來更多的溫暖。

3. 道歉：或許我們曾經做過造成別人傷害的事情，不管當時是什麼原因，道歉卻始終放在心底說不出口，卻好希望有機會能夠彌補。如果有這樣的情形，那麼也不妨找個機會表達，不論別人是否寬恕我們，道歉將使我們因為承擔了責任而好過些。

4. 道別：如果能夠好好的道愛、道謝與道歉，那麼也才能夠在分別的時候好好說再見，安然離世而沒有遺憾。

其實，這「四道人生」並不僅僅適用於臨終的末期病人，既然生活中的人事物生滅無常，你也可以用於關係中的聚散離合，在每一段關係結束時，例如畢業、分手、離職，不論是主動還是無奈地結束關係，都可以稍加回顧關係中的事件，整理自己的感受，在來得及的時候，心平氣和的表達心中的愛與感謝或者歉意，讓每段關係可以因此圓滿無憾地說再見。

延伸閱讀

1. 財團法人中華民國（臺灣）安寧照顧基金會，http://www.hospice.org.tw/2009/chinese/index.php

2. 傅偉勳（2010），《死亡的尊嚴與生命的尊嚴：從臨終精神醫學到現代生死學》，臺北市，正中書局。

第三節

生命價值的追尋

　　很久很久以前有一個故事，有一位智慧的長者來到一個小村莊傳道，他以讀心術聞名，大家都非常尊敬他，期待他的到訪。但是有一個小男孩例外，他很會惡作劇，心想找個法子來挑戰這位長者。他抓了一隻蝴蝶藏在手中，打算跑去問長者：「長者，握在我的手中的是什麼東西？」長者一定知道：「它是一隻蝴蝶。」小男孩會接著問：「它是活的，還是死的？」這時，如果長者說「活的」，男孩就會將那隻蝴蝶捏死，但是如果長者說是死的，他就會張開手讓蝴蝶飛出去。當村民聚集聽長者講道，那個男孩靠了過來，提問：「長者，握在我手中的是什麼？」長者看一下他，慢慢地回答：「蝴蝶，我的孩子，它是一隻蝴蝶。」小男孩的眼睛閃了一下，繼續問：「它是死的，還是活的？」那個老年人閉起他的眼睛想了一下，然後睜開眼睛，柔和地說：「它掌握在你的手中，我的孩子，它全都掌握在你的手中。」隨著有機體的演變進化，這世上已經有無窮盡數的生物，但會追問「生命是什麼？」就僅是身為「萬物之靈」的「人」了，這個答案就掌握在每一個人的手中。

　　自1997年連載轟動的日本漫畫「海賊王」，魯夫一路在找尋的過程中，看待工作與人生，「給我意義，否則免談」。社群大王國臉書CEO佐伯格也說：「如果我將我的精神花在一些愚蠢或是無意義的事情上，我會覺得我沒有在工作。」人們常會問「人往哪裡去？」「我的人生要什麼？」「我如何要？」「為什麼要？」希臘聖哲蘇格拉底強調「未經省察的人生，是不值得活的。」人類經由其他生物演化而來，跨過關鍵的反省

門檻，造就「異於禽獸者幾希」的「萬物之靈」，有了覺察反省與自由意志的能力，人可以選擇決定。存在主義哲學家沙特有句名言：「我們的決定，決定了我們。」因此，人必須對自己負責，對自己的未來負責，也就是對回應生命的追問負責。

一、生命的基本命題

回應對生命的追問時，人們必須真誠且勇敢地面對自身，才能選擇成為自己，也為自己的生命負責。存在需要靠勇氣，我們的選擇會決定我們成為什麼樣的人。存在主義認為人類存在的意義不是固定不變的，而是經由不斷的再創造過程，人類是處於一種持續在轉換、凝聚、演進及成形的狀態。存在主義心理學提出下列六大命題，讓人們省思生命的基本狀態，建立「自我省思」的能力，進而能建構有信心的生命觀：

㈠ 自我覺察的能力

認識自己的生活可以自省和做決定，拓展察覺能力，充分體驗真實的存在，在生活中活潑而生動，實現存有的充分潛能。

㈡ 自由和責任

當我們自由地過生活時，必然附帶有這樣生活的責任。「責任」是指擁有個人自己的抉擇，並誠實地對待自由。責任也包括關懷他人，不要把自己的問題怪罪於別人，人們在可選擇範圍內自由作選擇，自由、責任與抉擇是相關聯的。因此，當我們做出抉擇後，也必須與該抉擇的另一面相處。

㈢ 孤立與愛

處理孤立狀態，存在主義心理治療大師亞隆建議成年人要對自己的

生命負責任，「作為自己的父母的孤單」，像是自己的父母那般來輔導自己。愛的關係是克服存在孤立感的方法，要以相互主動，充分體驗對方的關懷方式來經營，方不致在關係中失去自我感。創造個人認同，建立有意義的人際關係，體驗存在的勇氣、孤獨的經驗、關係的經驗。

㈣ 追尋意義

　　人們在生活中的各個時機，都曾對有關生命意義的問題困惑過。人類在生活中的確需要一種意義感，以回應對於發生在個人身上與發生在世界上的事件。「意義」也是我們價值觀所據以發展的媒介，看待有關人們如何生活，以及希望如何生活。生命意義的探尋是「投入」後的副產品，投入乃是人們願意過著充滿創造、愛、工作和建設性的生活的一種承諾。二次世界大戰被關在集中營的心理學家佛蘭克強調個人在其生活中尋求意義的重要性，從大災難的倖存下創立「意義治療法」，鼓勵發展超越唯物的價值觀，致力尋求生活中的靈性意義。

㈤ 焦慮為生活的一種狀態

　　存在心理學把焦慮分為正常焦慮與神經質焦慮正常焦慮與神經質焦慮兩種。正常焦慮有一個重要的次分類，即「存在焦慮」，是指生活缺乏目標，無從體驗生命存在意義與價值所引起的一種莫名的焦慮。正常焦慮是針對人們在生活中所面臨的處境，通常不是壓抑性的，正常焦慮可以提供我們一個機會去面對困境，諸如臨終、責任與抉擇等議題，正視自己，發展對自己勇氣的覺察。

㈥ 覺察死亡與不存在

　　我們不知道會將如何死亡，或者將活多久，但對死亡的覺察是逃避不了的。《最後十四堂星期二的課》的墨瑞教授告訴我們「當你學會死亡，

你便懂得活著。」雖然死亡的覺察可能帶來憂慮，但也可能導致創造性的生活發展。因為知道沒有永恆的時間來完成既定的計畫，將能使我們更加重視現在。

基於上述前提，生命的旅程就是每一個當下經驗的歷程，而非外物的擁有，成為擁有物的奴隸。存在主義有句名言「擁有就是被擁有」，生命的本質不在於「有」（Having），而在於「是」（Being）。一個人擁有的越多，往往越沒時間做自己，反而喪失對生命意義內涵的關注。我們如何真誠而確實地處理這些主題，將影響我們存在的、心理的安寧與幸福。

二、幸福圓滿的人生

當我們能存在，好好活下去，也能理解為什麼如此活著，最後是要能活得快樂。快樂幸福哪裡找？人生追尋的方向如何掌握呢？為所欲為的「只要我喜歡，有什麼不可以」，會帶來真實的快樂嗎？

「海海人生」，人們總想「離苦得樂」，創造美好人生，回首時能「圓滿落幕」。許多國家一昧追求GDP（國內生產總值）成長時，結果發現指數不一定與該國國民的幸福感呈現正相關。反而越來越多的國家開始重視「國民幸福指數」（Gross National Happiness，GNH），回歸到對生命存在與生活本質的重視。

曾任美國心理學會多年主席的塞利格曼被尊為正向心理學之父，正面迎戰人生不圓滿的本質，走出二十一世紀文明的後遺症，提出在生活中實現個人長處的具體作法，幫助人們達到生命的圓滿富足。諸如快樂、滿足感、有意義、愛、感恩、成就、成長、更好的人際關係，這些生命中重要的事，如何打造與實踐，塞利格曼從「學習樂觀‧樂觀學習」到「真實的快樂」再到「邁向圓滿」，以正向心理學出發提升幸福感的三部曲說明五

個構成幸福元素，協助人們瞭解到為選擇而選擇的行為，增進生活的意義
與生命的圓滿。

㈠ 正向情緒

我們的感覺，愉悅、高興、極樂、溫暖、舒服等，這些正向的感覺
要來自「長處與美德」，而不是不經努力只走捷徑而來的良好感覺。沒有
意義的尋歡只會帶來更大的空虛，而動用自己正向人格特質賺來的感覺，
才是真正值得快樂的感覺。塞利格曼研究歸納六種基本的美德：智慧和知
識、勇氣、人道與愛、正義、修養、心靈的超越。第一個美德「智慧與知
識」有六個長處道路可通往：好奇心、喜好學習、判斷力、原創力、社會
智慧、觀點見解；「勇氣」有三個長處途徑：勇敢、毅力、正直；「人道
與愛」是與別人在社交互動時的正向表現，包括仁慈與慷慨、愛與被愛
兩項長處；「正義」的長處表現在公民精神、公平公正、領導能力；「修
養」指的是適時適度的表現需求，且不會傷己傷人，這些長處像是自我控
制、謹慎小心、謙虛；「心靈的超越」計有七項長處：對美和卓越的欣
賞、感恩、希望、心靈上的信仰、寬恕與慈悲、幽默與好玩、熱忱。透過
這些長處和美德的實行，才能得到正向的感覺。正向情緒可以使我們從完
全不同的角度思考事情，跳脫負面情緒的思考方式。

㈡ 全心投入

當全神貫注欣賞或從事喜歡的事件時，完全被吸引，感到時間為之停
止，這是「全心投入的生活」，也就是所謂的「福樂」境界，與目標對象
融為一體了。要到達福樂境界，需要動用到個人在美德長處中的強項與天
賦能力，學習常常運用，使其達到福樂的境界。

㈢ 有意義的生活

　　有意義的生活包括歸屬感，去從事個人認為比它實際還更高、更大的事。參與各種正向的機構，無論是加入聚會、活動、或行動，運用我們的長處於增加知識、力量和善良上，選擇自己成為與更大、更善的連結歷程的一份子。生活越有目的，我們的每一天都會過得很有意義。

㈣ 生活成就

　　賽利格曼提到為了有成就而過的有成就生活，這些人們幾乎都是完全投入他們在做的事情上，在贏的時候熱切地追逐快樂，感知正向情緒，也可能為贏更大的榮光而贏，這正是人類為選擇而選擇的現象。倘若輸了，也沒關係，只要這仗打得美好，輸了也輸得光彩。因為是為了追求正向情緒或是全心投入的快樂，不管輸贏都很高興。有些企業家追求財富，然後把它們捐出去，或是投入科學醫藥，或是用在文化教育，前半生純粹是為了贏而去贏，在後半生他們卻創造出意義。

㈤ 正向人際關係

　　正向心理學家發現「他人」是生命低潮時最好的解藥，也是最能使人東山再起的力量，尤其「做善事助人」特別是最能夠增加幸福感的良方，青年守則亦云「助人為快樂之本」。建議當你臉很臭、心情很差時，不妨走出去找個人去幫他的忙，或者去找一件從來沒有做過的服務他人之類的事情，然後注意你心情的改變。

三、終極關懷

　　假如醫生通知只剩三個月的生命，你將如何安排？倘若明天就是世界末日，你會和誰一起，做些什麼事情？震驚世人的911慘痛事件，飛機上

的乘客不知道無常到臨，看到要撞向雙子星之際，在極為有限的時間，你想他們會打給誰？說些什麼？此刻對你而言，最在乎的，也許就是生命中最基本、最親密的連結了。

　　不論是在哲學或宗教上，終極關懷談論的皆是宇宙與人生最根本的，也就是最先的最終的問題。千古以來的三大哉問：「我從哪裡來？我往哪裡去？我在做什麼？」這三個「生與死」的問題乃是人生最根本的大問題！人的一生通常先求「生存」的層次，能健康的生存，「活著真好」；其次營造「生活」的模式，能正常的生活，「活得更好」；最後追尋「生命」的提升，能昇華生命的本質，「活出究竟」。

　　這種對生命的關懷，完成自我在一生之中的四項要務：自我認識、自我定位、自我成長、自我超越。票房賣座的《侏儸紀公園》影片裡面有一句話「生命會找到自己的出路」，莫問生命帶給你什麼，但求自己揮灑實證，留給你的生命什麼。生命沒有過渡，對自我定向、價值定位思慮清楚，努力過好今生，過程豐富精采，謝幕落子無悔。

四、生命的價值暨結語

　　生命是一個何其奧妙的存在，人生是一條往而不返的道路，放眼看從搖籃到墳墓的旅程，像是春夏秋冬的四季紅，又像神話故事早上四條腿、中午變成二條腿、晚上三條腿的一日浮生。美國的林肯總統譬喻「生命有如文章，不在於她的長短，而在她的於內容」。談論豐富完整的人生，需整合身心靈三個層面內涵。

　　身體層面衍伸至有形的要素，像是金錢、地位、財富、事業、外貌等等，只有身體健康才是「1」，倘若排第一位的健康是「0」的話，後面就化為烏有了。因此，維護健康是必要的，本書第一章談論「健康自我」，

即在維持個體生存的基本條件，保持身體的活動能力，成為心智成長與靈性修養的磐石。倘若身體這個臭皮囊無法為自己再效勞時，仍可以透過其他方式重展生命光彩或善盡生命餘輝，例如器官捐贈、大體捐贈等。

　　作為一個人，不僅在生理上能夠活著，並感到安全的基本層面而已，美國心理學家馬斯洛認為還有「愛與歸屬需求」以及「尊重獲肯定需求」的社會層面，本書的第二章探討「群己對待」與第三章「敬業樂群」，透過社會互動中完成所需要的學習與成長？

　　在追求成長、開發潛能過程中，本書的第四章「物我和諧」第五章「人天信仰」，能充分理解到「自我實現需求」，甚至到重要的「自我超越」靈性修養。藉由身心靈整合的價值觀，與己和、與人和、與萬物和，展現生命的能量，提升生命的價值。

　　最後，本書第六章充分討論生死倫理，終極價值的議題，不僅增進吾人對生命價值的認知與理解的覺察，進而提供實踐與省思生命價值的作為。以期我青年學子，不致渾渾噩噩、虛度芳華，自動導航地空過一生；而是要清楚明白的活在每一個當下，藉生活來實踐人生的理念與意境。在身、心、靈三個層面，能夠活出愉悅的、美好的和有意義的三種生活，才算是活出完整的生命。那麼，恭喜各位，當完成有限生命的另一端時，大聲地告訴自己「我這一生，不虛此行！」

延伸閱讀

1. 艾爾邦著，白裕承譯，《最後十四堂星期二的課》，大塊文化。
2. 塞利格曼著，洪蘭譯，《真實的快樂》，遠流出版公司。
3. 塞利格曼著，洪蘭譯，《邁向圓滿》，遠流出版公司。
4. 余民寧著，《幸福心理學：從幽谷邁向巔峰》，心理出版社。

參考書目

中文

1. 2015世界自殺防治日記者會：「伸出援手拯救生命」。台灣自殺防治學會暨全國自殺防治中心民國104年9月6日新聞稿。2016年7月10日取自 http://tspc.tw/tspc/portal/news/content.jsp?type=news&sno=946

2. 三藏般若譯，〈入不思議解脫境界普賢行願品〉，《大方廣佛華嚴經》，華嚴學苑教育中心編印。

3. 〈不可知論〉（無日期），2015年07月19日擷取自維基百科：http://translate.google.com.tw/translate?hl=zh-TW&sl=zh-CN&u=https://zh.wikipedia.org/zh-tw/%25E4%25B8%258D%25E5%258F%25AF%25E7%259F%25A5%25E8%25AE%25BA&prev=search

4. 內政部統計處，民國103年簡易生命表提要分析。2016年7月10日取自 http://sowf.moi.gov.tw/stat/Life/T04-analysis.html

5. 天下雜誌主編（2003），〈品格決勝負─未來人才的祕密〉教育特刊。

6. 〈孔恩的科學革命〉（無日期），2015年07月19日 擷取自南華大學：http://www.nhu.edu.tw/~sts/class/class_01_2.htm

7. 巴魯赫‧斯賓諾莎（無日期），2015年07月19日 擷取自維基百科，自由的百科全書：http://translate.google.com.tw/translate?hl=zh-TW&sl=zh-CN&u=https://zh.wikipedia.org/zh-tw/%25E5%25B7%25B4%25E9%25AD%25AF%25E8%25B5%25AB%25C2%25B7%25E6%2596%25AF%25E8%25B3%2593%25E8%25AB%25BE%25E8%258E%258E&prev=search

8. 王昶閔，〈自殺率降低唯老人不降反升〉，《自由時報》，2011年7月5日新聞。2011年7月25日取自http://tw.news.yahoo.com/article/url/d/a/110705/78/2uh7g.html

9. 王智弘（2003，6月），〈輔導網路中的青少年─探討青少年網路成癮之諮商與輔導策略〉，輔導人員對青少年網路成癮行為之挑戰與因應研討

會。臺北，淡江大學。

10. 王駿（2015），〈天人關係與神人關係的比較初探〉，《2015第二屆中華文化與天人合一國際研討會》（頁615-624），宗教哲學研究社。

11. 世界衛生組織（1948），世界衛生組織對健康的定義，2011年7月13日取自?http://www.who.int/suggestions/faq/zh/index.html.

12. 台灣網路成癮輔導網，http://iad.heart.net.tw/

13. 永續發展教育網（2006），高師大環境教育研究所，http://www.csee.org.tw/efsd/web/d01_07.htm。

14. 生物倫理學，（2015, July 27），Retrieved from 維基百科，自由的百科全書：https://zh.wikipedia.org/wiki/%E7%94%9F%E7%89%A9%E5%80%AB%E7%90%86%E5%AD%B8

15. 石淑惠（1997），《公共圖書館義工個人特質、參與動機與工作滿意度之研究》，淡江大學教育資料科學系碩士論文，未出版，臺北。

16. 朱英龍等編（2005），《解憂：憂鬱症百問二》，臺北市：董氏基金會出版。

17. 自殺防治中心網站，http://tspc.tw/tspc/portal/index/

18. 自殺防治成果發表，行政院衛生署2011年7月4日新聞稿。2011年7月25日取自http://www.doh.gov.tw/CHT2006/DM/DM2_p01.aspx?class_no=25&now_fod_list_no=11579&level_no=2&doc_no=81124

19. 行政院主計處（2015），〈2015年性別圖像〉，http://eng.stat.gov.tw/public/data/dgbas03/bs2/gender/eb/2015/2015CGI/index.html

20. 行政院衛生署（2011），99年度死因統計。2011年7月13日取自http://www.doh.gov.tw/CHT2006/DM/DM2_2.aspx?now_fod_list_no=11897&class_no=440&level_no=3

21. 行政院衛生署國民健康局健康九九網站http://health99.doh.gov.tw/default.aspx

22. 吳英明（2001），〈志工精神與民主〉，《博物館簡訊》，15，2007年4

月25日，取自：http://www.cam.org.tw/5-newsletter/15-about.htm

23. 吳就君著（民89），《婚姻與家庭》，華藤文化股份有限公司。

24. 吳藹如，〈掌握健康的第一步？從規律運動開始〉，《馬偕院訊》，
    2008年6月，第295期，取自http://www.mmh.org.tw/MackayInfo2/article/
    B295/200.htm

25. 呂美枝、蘇滿麗、蔡婉瑜（2006），《校園性侵害或性騷擾案例調查處
    理實務手冊》，臺南：國立台南大學（教育部委託研究），（2007/5/6
    http://www.gender.edu.tw/harassment/doc）

26. 呂朝賢（2005），〈中老年人參與志願服務的影響因素分析〉，《臺大
    社工學刊》，12，1-50。

27. 志願服務法（2001）

28. 李民濱主編（2007），《精神疾病與自殺防治》，臺北市：行政院衛
    生署自殺防治中心。100年7月29日取自http://www.tspc.doh.gov.tw/tspc/
    upload/tbpaper/20070606133407_file1.pdf

29. 李明濱，廖士程，宋思潔（2009），〈2009台灣民眾對自殺防治的認知
    調查〉，《自殺防治網通訊》，第四卷。第四期。臺灣自殺防治學會暨
    全國自殺防治中心。

30. 李曉君（2006），〈青少年網路使用與網路成癮現象之相關研究〉，
    《網路社會學通訊期刊》，53，2006年3月15日。2011年7月20日取自
    http://www.nhu.edu.tw/~society/e-j/53/53-05.htm

31. 沈朋志，基因轉殖動物之技術與應用。2016年7月2日，取自農業生物科
    技園區http://www.pabp.gov.tw/AreaBus/libA/aa507.asp

32. 沈清松，《人我交融》，洪建全基金會出版。

33. 狄波頓艾倫（2012），陳信宏譯，《宗教的慰藉》，臺北市：先覺。

34. 〈宗教〉（無日期）。2015年07月19日擷取自維基百科：https://
    zh.wikipedia.org/wiki/%E5%AE%97%E6%95%99

35. 性別平等教育法。

36. 林佳範（2003），〈從「訓導」（Discipline）到「發展」（Development）的學生事務觀—淺論學生權利的概念〉，載於林至善（主編），《學生事務與社團輔導第三輯（第133-152）》，臺北：東吳課外活動組。

37. 〈泛神論〉（無日期）。2015年07月19日擷取自維基百科，自由的百科全書：http://translate.google.com.tw/translate?hl=zh-TW&sl=zh-CN&u=https://zh.wikipedia.org/zh-tw/%25E6%25B3%259B%25E7%25A5%259E%25E8%25AE%25BA&prev=search

38. 威爾伯肯恩（2000），龔卓軍譯，《靈性復興—科學與宗教的整合道路》，臺北市：張老師文化事業股份有限公司。

39. 施香如（民90），〈迷惘、迷網—談青少年網路使用與輔導〉，《學生輔導通訊》，74，18-25。

40. 柯文哲（無日期），〈死亡與腦死〉，2015年08月03日擷取自中華民國器官捐贈協會：http://www.organ.org.tw/JRNL/003/003002.htm

41. 柯永河（2001），《習慣心理學》，臺北市：張老師文化。

42. 柯志明（2013），胎兒與死刑犯：基督信仰的人觀與生命倫理，橄欖出版社。

43. 柯俊銘（2006，9月18日），〈正向思考更快樂更成功〉，《聯合報》。2011年7月19日取自http://tw.myblog.yahoo.com/jw!1c2Mm8ybExK_VTIr2MoVQadDQw--/article?mid=5600

44. 柯俊銘（2011，6月25日），〈改變生活方式，有益身心健康〉，《自由時報》，2011年7月13日取自http://tw.news.yahoo.com/article/url/d/a/110625/78/2txg3.html

45. 柯爾伯格道德發展階段，（2016, March 3），Retrieved from 維基百科，自由的百科全書: https://zh.wikipedia.org/w/index.php?title=%E6%9F%AF%E5%B0%94%E4%BC%AF%E6%A0%BC%E9%81%93%E5%BE%B7%E5%8F%91%E5%B1%95%E9%98%B6%E6%AE%B5&oldid=39259904

46. 張志剛（2008），《宗教學是什麼》，北京：北京大學出版社。

47. 莊英章等（1992），〈宗教與儀式〉，《文化人類學》（頁65-89），臺北：國立空中大學。

48. 許育典、朱朝煌（2003），〈學術自由、大學法制與學生自治〉，載於林至善（主編），《學生事務與社團輔導第三輯（第178-200）》，臺北：東吳課外活動組。

49. 許殷宏，〈高夫曼戲劇論在學校教育上之蘊義〉，《教育研究集刊》，39，頁149-168。

50. 陳志金（無日期），〈用糖治療天邊孝子症候群〉，2015年08月01日擷取自ICU醫生陳志金：http://snore123.blogspot.tw/2015/07/SUGAR-treats-Daughter-from-California-Syndrome.html

51. 陳金貴（2005），〈志願服務的功能與推行〉，2007年4月26日，取自：http://vol.moi.gov.tw/ScholarArticle_1.aspx?NO=9&ClickNo=1

52. 陳冠旭，〈青少年憂鬱症與自殺（商）行為之預防與處置〉，2011年7月28日取自http://www.ksa.nkfust.edu.tw/guidance/pdf/mind/PreventionOfYouth.pdf

53. 陳泰元（2003），《國人參與志願服務之決定性因素》，南華大學非營利事業管理研究所碩士論文，未出版，嘉義。

54. 陳榮基（1998年10月），〈臨終關懷與安寧療護〉，104年08月03日擷取自 國立中央大學哲學研究所應用倫理研究中心：http://www.ncu.edu.tw/~phi/NRAE/newsletter/no8/04.html

55. 陳榮基（2008），〈DNR不等於安寧緩和醫療〉，《臺灣醫界》，51(4)，36-39。

56. 傅佩榮，《傅佩榮解讀論語》，民88，立緒出版社。

57. 傅偉勳（2010），《死亡的尊嚴與生命的尊嚴：從臨終精神醫學到現代生死學》，臺北市，正中書局。

58. 曾怡慧，施綺珍，楊宜青（2004），〈網路成癮症〉，《基層醫

學》，19：2，35-40。2011年7月20日取自http://www.tafm.org.tw/Data/011/169/190202.htm

59. 〈無神論〉（無日期）。2015年07月19日擷取自維基百科，自由的百科全書：https://zh.wikipedia.org/wiki/%E6%97%A0%E7%A5%9E%E8%AE%BA

60. 黃光男（2001），〈理事長的話〉，《博物館簡訊》，15，2007年4月25日，取自：http://www.cam.org.tw/5-newsletter/15-about.htm

61. 董氏基金會心理衛生特區，http://www.jtf.org.tw/psyche/

62. 臺灣憂鬱症防治協會網站，http://www.depression.org.tw/knowledge/know_info_part.asp?paper_id=34

63. 臺灣環境保護聯盟，〈車諾堡核電災變簡介〉（2000），http://mx.nthu.edu.tw/~hycheng/2green/chenobyl.html。

64. 蒲慕州（2002），《古代宗教與信仰》，臺北：國立臺灣大學。

65. 歐文・亞隆（2003），《存在心理治療》，臺北市，張老師文化。

66. 蔡甫昌（2000），生命倫理四原則方法，醫學教育，004（002），0140-0154.

67. 蔡甫昌，方震中，陳麗光，王榮德，（2012），長期呼吸器依賴病患撤除維生治療之倫理法律議題，台灣醫學；16:156-73.

68. 蔡甫昌，李明濱（2002），當代生命倫理學，醫學教育，006（004），381~395。

69. 衛生福利部（2014），102年國人死因統計結果，2015年7月28日取自http://www.mohw.gov.tw/cht/Ministry/DM2_P.aspx?f_list_no=7&fod_list_no=4558&doc_no=45347

70. 衛生福利部（2014），103年國人死因統計結果，2015年7月28日取自http://www.mohw.gov.tw/cht/Ministry/DM2_P.aspx?f_list_no=7&fod_list_no=5313&doc_no=49778

71. 衛生福利部：保障病人自主，病人自主權利法三讀通過！2016年3月28日

擷取自http://www.mohw.gov.tw/news/531953241

72. 〈選擇安寧緩和療護，保障自己善終的權益〉，（無日期），2015年08月03日擷取自財團法人天主教聖馬爾定醫院懷正紀念病房：http://www.stm.org.tw/es/pg13-p06.htm

73. 謝煜偉（2014），重新檢視死刑的應報意義，中研院法學期刊，15，139-206。

74. 簡春安（2005），〈新世紀中對志願服務的省思與展望〉，2007年4月26日，取自：http://vol.moi.gov.tw/ScholarArticle_1.aspx?NO=18&ClickNo=1

75. 羅燦英（1999），〈性別暴力與性別歧視〉，載於王雅各主編《性屬關係（上）》，頁57-99。臺北：心理。

英文

1. A. G. Johnson著，成令方、林鶴玲、吳嘉苓譯，《見樹又見林—社會學作為一種生活、實踐與承諾》，群學出版有限公司，民90。

2. Conserve energy future (2015). http://www.conserve-energy-future.com/

3. International Union for Conservation of Nature and Natural Resources (IUCN) (2004): http://www.iucn.org/.

4. J. M. Gottman，J. Declaire著，徐憑譯，《關係療癒：建立良好家庭、友誼、情感五步驟》，張老師文化事業股份有限公司出版，民95。

5. M. Beattie著，蘇子堯、許妍飛譯，《愛我，就不要控制我—共依存症自我療癒手冊》，心靈工坊文化事業股份有限公司，民100。

6. M. Beattie著，蘇子堯、許妍飛譯，《愛我，就不要控制我—共依存症自我療癒手冊》，心靈工坊文化事業股份有限公司，民100。

7. Palliative Care.（無日期）。2015年08月03日擷取自World Health Organization: http://www.who.int/mediacentre/factsheets/fs402/en/

8. Santa Clara University (2009). An Introduction to the Twelve Part Short Course in Environmental Ethics.http://www.scu.edu/ethics/practicing/

focusareas/environmental_ethics/short-course.html

9. T. A. Harris 著，洪志美譯，《我好，你也好》，遠流出版公司，民83。

10. T. Ohlsson, A. Bjork, R. Johnsson 著，黃珮瑛譯，《人際溝通分析—TA治療的理論與實務》，張老師文化事業股份有限公司出版，民85。

11. Tufts University (2015)：What you can do-Office of sustainability. http://sustainability.tufts.edu/get-involved/what-you-can-do/

12. UNESCO (2001): Sustainable Development.

13. V. Gateau（2010），法國《人文科學》期刊（Science Humaine）2010 年6 月第 216 期

14. V.J. DerlegoH. JandaL.（1991），《心理衛生：現代生活的心理適應》，林彥妤，郭利百加等譯者，臺北市：桂冠出版社。

15. Wikipedia (2004): Exxon Valdez oil spill, http://en.wikipedia.org/.

16. Wikipedia (2011): Brundtland Commission, http://en.wikipedia.org/wiki/Brundtland_Commission

17. Wikipedia (2015). Environmental ethics. https://en.wikipedia.org/wiki/Environmental_ethics

Note

Note

國家圖書館出版品預行編目資料

群己倫理與生命關懷／溫嫩玫主編，溫嫩玫，
吳錦鳳，蔡寶隆，劉承宗，郭蘇文著.
－－三版. －－臺北市：五南，2016.09
　面；　公分
ISBN 978-957-11-8733-4（平裝）

1.生涯規劃

192.1　　　　　　　　　　　105013538

1X7D　通識系列

群己倫理與生命關懷

主　　編 — 溫嫩玫

作　　者 — 溫嫩玫　吳錦鳳　蔡寶隆　劉承宗　郭蘇文

發 行 人 — 楊榮川

總 經 理 — 楊士清

總 編 輯 — 楊秀麗

副總編輯 — 黃惠娟

責任編輯 — 高雅婷

封面設計 — 童安安

出 版 者 — 五南圖書出版股份有限公司

地　　址：106台北市大安區和平東路二段339號4樓

電　　話：(02)2705-5066　　傳　　真：(02)2706-6100

網　　址：http://www.wunan.com.tw

電子郵件：wunan@wunan.com.tw

劃撥帳號：01068953

戶　　名：五南圖書出版股份有限公司

法律顧問　林勝安律師事務所　林勝安律師

出版日期　2012年9月初版一刷
　　　　　2015年9月二版一刷
　　　　　2016年9月三版一刷
　　　　　2019年8月三版五刷

定　　價　新臺幣250元